JN017098

THEORY AND PRACTICE OF STRENGTH TRAINIING

筋力強化の基本書

石井直方
柏口新二
髙西文利

[著]

東京大学出版会

Theory and Practice of Strength Training

Naokata ISHII, Shinji KASHIWAGUCHI and Fumitoshi TAKANISHI

University of Tokyo Press, 2023
ISBN978-4-13-053705-6

序にかえて

基本を極め多様性に対応する

　本書は、2020年7月に初版を刊行し、好評を頂いている「筋力強化の教科書」の第2弾に相当するものです。前著『筋力強化の教科書』では、「基本を極めるということ」の重要性にポイントを置き、筋肉づくりや筋力強化を目的とした筋力トレーニングを適切に行うための基本的な知識と実践法を中心に解説しました。前著の内容とやや重複しますが、「基本を極める」ことはどういうことかについて、改めて触れておきましょう。

　ここ20年ほどの間に、筋肉づくりや筋力強化がスポーツの補強だけでなく、生活習慣病の予防・改善や健康寿命の延伸にも効果的であることが明らかになり、子どもから高齢者、有疾患者に至るまで、多様な人々が当たり前のように筋力トレーニングを行うようになりました。筋肉づくりによる「ボディデザイン」を競う「フィットネス競技」の人気の高まりもあって、筋力トレーニングは一種のブームとなっているように思えます。

　こうした背景のもと、独自性の高いトレーニング理論や方法論もネット空間などに氾濫し、またそうした方法論をもとにマンツーマンで指導を行う「パーソナルトレーニング」という業態も増加してきています。こうした理論や指導方法の多様化は悪いことではありませんが、反面、トレーニングの個人指導を受けた結果、かえって健康を害してしまったり、痛みや障害が増悪してしまったりするケースも顕在化し、問題になっています。

　その原因の1つは、成果を出すことを焦るあまり、安全を最優先するという基本を忘れて無理なトレーニングを負荷してしまうことにあると思われます。しかし、一見基本に忠実なトレーニング法を、無理のない負荷とスケジュールで行なった場合でも、個人によって効果があったり、なかったり、逆に悪影響をもたらしたりすることもあります。年齢、性別、遺伝的背景、生活習慣、基礎疾患の有無などによって、「100人いれば100通りの方法やプログラムがある」といえるからです。

　たとえば、筋力トレーニングの基本種目にスクワットがあります。「しゃが

んで立ち上がる」という単純な動作ですが、しゃがんだ状態から立ち上がった状態に移行する間、膝と股関節の位置が描く空間的な軌道の組み合わせは無数にあります。ごく一般的な意味での「基本動作」はありますが、「どの軌道がベストか」は状況に応じて変わります。個々の状況に応じてベストな軌道を決めることができて、はじめて「基本を身に付けた」ことになるのです。そしてさまざまな局面で、方法論・動作・プログラムの多様性、対象となる個人の多様性に的確に対応できることこそが「基本を極める」ことにつながります。そのためには、解剖学、生理学、バイオメカニクス、トレーニング理論などの基本的知識を身に付けることが必要です。

　本書は、前著と同様、臨床医（柏口）、研究者（石井）、トレーナー（高西）がそれぞれの立場から執筆しています。特に本書では前著から一歩進み、さまざまな基本的知識をどのように統合し、多様性へ対応するために展開していくかをイメージして編集しました。

　具体的な構成は次のようになっています。第1章では、さまざまな疾病や障害を予防するためのトレーニングの基本的考え方について、第2章では、スロートレーニング（スロトレ）を例に、高齢者や有疾患者に適用可能な低負荷強度トレーニングのメカニズムについて解説します。第3章では、前著で十分に扱いきれなかったビッグスリー（スクワット、ベンチプレス、デッドリフト）以外の種目について詳細に解説します。第4章と第5章では、子ども、高齢者、アスリートをそれぞれ対象としたトレーニングの実施法とプログラム作成について解説します。特に、上に述べたようなスクワットの微妙なフォームの違いがもたらす効果と注意点について詳細な考察を加えています。さらに附録では、健康づくり全般において重要と考えられる種目の基本的方法と注意点を一覧としてまとめてあります。第1章と4.1節は柏口が、4.1節を除く第3〜5章は高西が執筆し、第2章の執筆と全体の調整・編集を石井が行いました。

　本書だけをお読みになっても理解が可能なように配慮したつもりですが、本書と前著『筋力強化の教科書』をセットとしてお読みいただければ、さらに理解が深まるものと思います。読者としては研究者、指導者、研究者や指導者を目指す方が主な対象ですが、トレーニングに関心のある方など多様な方々にお読みいただければ幸いです。

石井直方

骨盤帯を錬る

　学生時代、解剖学で人体の構造を学びました。それは先人たちが歳月をかけて導き出してきた人体地図のようなもので、手術の際のアプローチや術式を検討するのに必要となります。たくさんの筋肉の起始・停止を覚え、そして働きについても覚えました。しかし手術後の患者や高齢者の機能回復、そしてスポーツ選手の機能向上においては個々の筋肉の走行や役割を知っていても大して役立たず、この知識をどう活かしたらよいか長く悩んでいました。トップレベルのスポーツ選手のパフォーマンスを評価する際は筋肉を個々に見るのではなく、骨（関節）と筋群からなるユニットで見る必要があります。手術を担当するようになった頃、個々の筋肉が筋内腱や膜で互いに繋がっていることに気付き、自分が学んだ解剖学の知識とは違うと戸惑いました。解剖を学んでいた頃は、余分なものとして無視していましたが、この接着や連続こそがパフォーマンス発揮にはとても大切なものだったのです。現在ではこの接着や連続はアナトミー・トレインとかマッスル・トレインといわれ、運動器治療においては重要な分野の1つになっています。

　人体はいくつかのユニットに分けることができますが、最も強大なパワーを生むのが骨盤帯です。上から脊柱・骨盤（腸骨・仙骨）・大腿骨と繋がり、多くの筋群が動員されます。大谷翔平選手の投球と柔道の井上康生選手が内股をかけるときの骨盤帯の使い方に共通点があります。大腿切断のパラリンピック幅跳び選手が大跳躍できるのも骨盤帯から生み出されるパワーのおかげです。また高齢者の転倒予防において重要となるのも骨盤帯の機能です。骨盤帯の強化法については先人たちが多くの手法を残しています。相撲の四股や太極拳の型は骨盤帯の強化に最高のトレーニングです。筋トレではスクワットやデッドリフトが骨盤帯の強化に役立ちます。スクワットでは足幅や下ろしの深さを変えることによって無限大の強化法があります。本書ではこのスクワットの基本から応用まで具体的な動作や姿勢、呼吸法などについて解説しています。多くの選手や指導者がこの概念を理解し、さまざまに応用していただくことを願っています。

柏口新二

基本書としての役割

　本書では、姉妹書である『筋力強化の教科書』では触れることができなかった内容をカバーしました。今回、石井がわかりやすく整理したスロートレーニング理論は、現場の指導者として私自身に役立つものです。また、柏口が医学的な視点で提供した情報は、傷害（ケガや故障）予防には不可欠な内容になっています。筋トレの現場は、工事現場と同じで「安全第一」です。その上で最重要課題としての「効果第二」があります。髙西が執筆、掲載したプログラムは前著の附録（種目別解説）と照らし合わせて活用いただければと期待しています。併せて「健康づくり体操（筋肉づくり体操含）」も紹介ました。本書を、筋トレの実践者・指導者の皆様ご自身のオリジナルなプログラム作りの、処方される際の基本書として活用していただければ幸いです。

　私は現場で指導する際には「はかた」という造語を使っています。これは「早い・簡単・楽しい」それぞれの言葉の頭文字をつないだものです。「早い」は「最短・最高の効果」を上げることです。「簡単」は「立ち上がる・押す・引く」という直線的な動作を、シンプルなプログラムで行い、磨き上げるという含みがあります。筋トレの処方の基本は、週に2～3回の頻度、10 RM（最大反復回数）の強度、30分以内の時間で、「早い・簡単」です。筋トレの実践では、必然的にある程度のきつさや苦しさを伴いますが、トレーニング後には何ともいえない爽快感があり、前向きな気持ちが引き出されます。また、生理学や医学的な知識の学びには、興味深いことや面白いことが溢れています。これらのすべてを含めて「楽しい」という言葉でまとめました。「継続」は、実は筋トレの難題ですが、楽しさはそれにつながる肝だと思います。

　今回も出版に当たり、石井先生、柏口先生、それに原稿を校正・編集いただいた東京大学出版会の岸純青氏には大変お世話になりました。指導と学びの現場をいただいているマルヤジムの会員様、福岡ソフトバンクホークス選手・関係者の皆様に心からお礼申し上げます。そして納得のいく写真を提供してもらったマルヤジムのスタッフ・息子の協力にも感謝を表します。

髙西文利

目 次

序にかえて　i

第1章　筋力トレーニングによる疾病・障害予防 ……………………1

　1.1　スクワットやクランチでこそ体幹（骨盤帯）は強化できる　1

　1.2　自分に合ったスクワットフォームの見つけ方　3

　　　1）ポイント1：重心を意識する　4

　　　2）ポイント2：体幹をしっかりと立てる　4

　　　3）ポイント3：骨盤帯の柔軟性を保つ　5

　　　4）ポイント4：股関節と膝関節の解放順序　6

　1.3　柔軟で強靱な骨盤帯を作る　6

　1.4　筋力強化だけではスポーツ復帰できない　9

　1.5　ベンチプレスにおける誤解　10

　1.6　小学生のインナーマッスル（腱板）強化の意義　12

第2章　体にやさしく効果的なトレーニング

　　　　──スロートレーニングの理論と応用 ………………………15

　2.1　筋発揮張力維持スロー法の開発　16

　2.2　高齢者・有疾患者における効果　18

　2.3　スロー法の効果のメカニズム　20

　2.4　スロー法の実施上のポイント　23

第3章　筋力トレーニングの実践 ………………………………25

　重要な種目の理論と実際　29

　　　スタンディング・バックプレス　30

　　　　バーベルカール　55

　　　　トライセプスプレス・ライイング　74

　　　　デクライン・シットアップ　86

　　　　筋力トレーニング種目のビッグ3とベントオーバーロウ　99

第4章　年代別・目的別トレーニング ………………………………105

4.1　子どもの運動機能とその異変　105

　　1）しゃがみ込みのできない子どもたち　105

　　2）腕立て伏せや懸垂ができない子どもたち　107

　　3）剣玉の極意とハイクリーン　108

4.2　高齢者の健康と運動　109

　　1）高齢者の健康づくり運動への取り組み　109

　　2）健康体操教室とその理論　111

　　3）いつでも・どこでも・誰でも・手軽にできる大腰筋体操　112

4.3　アスリートのトレーニング――バリスティックトレーニング　114

　　1）バリスティックトレーニングの位置づけと役割　114

　　2）異なったトレーニングによるパワーの変化　117

　　　　（a）最大筋力を引き上げることができない／（b）カールのような肘
　　　　関節を使った単関節運動はスポーツの動きにつながりにくい

　　3）安全に確実にパワーを発揮する能力を高める　120

　　4）バリスティックトレーニングの効果を上げるための筋力レベル　121

　　5）筋肉量の増大とパワー発揮能力向上のフォームを重ねる　122

　　6）ストップ＆クイックからスロー＆クイック、SSCの利用　125

　　7）パワー強化のための低レップス法の課題と対策　126

4.4　筋トレと補助のコツ　127

　　1）しゃがみとフルスクワット――骨盤帯の動き　127

　　2）スクワットでの体幹と骨盤の使い方――腰痛予防のために　131

　　3）スクワットでの膝の軌道　135

　　4）スクワットの立ち上がりと膝の絞り　137

　　5）スクワットにおける上体の傾斜　139

　　　6）バーベルシャフトのしなりを利用するスクワット　142

　　　7）スクワットの補助　145

　　　　　（a）1人での補助／（b）2人での補助／（c）3人での補助

　　　8）ベンチプレスの補助　150

　　　　　（a）1人での補助／（b）2人での補助／（c）3人での補助

　　　9）ラットマシンプルダウンと広背筋の動き　152

第5章　トレーニングプログラムの実際と工夫 ……………………………159

5.1　基本プログラムの設定　159

　　　1）幼児（自重：2〜6歳）　159

　　　2）小学校低・中学年（自重：6〜10歳）　160

　　　3）小学校高学年・中学生（自重とダンベル：10〜15歳）　160

　　　4）高校生（バーベルまたはダンベル：15〜18歳）　161

　　　5）一般人初級者（自宅用：ベンチ台とダンベル：18〜40歳代）　162

　　　6）一般人初級者（ジム用・フリーウエイトとマシン：18〜40歳代）　163

　　　7）高齢者・体力低下の人（自重と軽ダンベル：50歳以上）　163

5.2　基本プログラムの処方と工夫　164

　　　1）処方の3要素　164

　　　2）強度の基準としてのRM（アールエム：最大反復回数）　166

　　　3）強度と主な効果　166

　　　4）トレーニング容量（ボリューム）　168

　　　5）頻度を決める　169

　　　6）オーバートレーニングとトレーニング効果の現れ方　170

　　　7）傷害予防のためのピリオダイゼーションの取り入れ方　173

5.3　応用プログラムの設定　174

　　　1）中学生：2分割（自重とダンベル）　175

　　　2）高校生：2分割（バーベルまたはダンベル）　176

　　　3）一般人初級者：2分割（自宅用：ベンチ台とダンベル）　177

　　　4）一般人初級者2分割（ジム用・フリーウエイトとマシン）　177

　　　5）一般人中級者：2分割（ジム用・フリーウエイトとマシン）　178

　　6）一般人上級者：3分割（ジム用・フリーウエイトとマシン）　179

　　7）一般人上級者：4分割（ジム用・フリーウエイトとマシン）　181

　　8）高齢者・体力低下の人（自重と軽ダンベル）　183

　　9）高齢者・体力低下の人：2分割①（自重と軽ダンベル）　184

　　10）高齢者・体力低下の人：2分割②（自重と軽ダンベル）　185

5.4　応用プログラムの処方と工夫　186

　　1）最適な負荷を決めるために　186

　　2）フォーストレプス法　186

　　3）マルチバウンデージ法　188

　　4）マルチセット法　189

　　5）ホリスティック法　191

　　6）アイソメトリック・トレーニングとアイソトニック・トレーニング　192

　　7）セット間のインターバルと成長ホルモン　194

5.5　筋肉づくり体操の処方　196

　　1）基本設定　196

　　2）健康体操教室の手順と種目の一覧　197

　　　　（a）ウォーミングアップ（5分）／（b）筋肉づくり体操第1（10分）
　　　　5〜8：ダンベル使用／（c）筋肉づくり体操第2（10分）1〜10：ダ
　　　　ンベル使用／（d）大腰筋体操（3〜5分）／（e）ウエストシェイプ
　　　　アップ体操（5分）／（f）太ももシェイプアップ体操（5分）／（g）
　　　　クーリングダウン（2人組でのストレッチ、10分）

附録　健康体操教室　………………………………………………………201

参考文献　211

索　引　213

執筆者紹介　217

第1章 筋力トレーニングによる 疾病・障害予防

本章では、筋力トレーニングについて、よくある間違い、勘違いについて解説、事例を挙げて取り組み方やトレーニング法を示します。

1.1 スクワットやクランチでこそ体幹（骨盤帯）は強化できる

柔道やレスリングなどの格闘技はもちろん、サッカーやバスケットボール、そして器械体操でも強靭な体幹は不可欠です。突きや蹴り、ドリブルでも動きの要は体幹から骨盤帯だからです。体幹部の筋はお腹周りの筋肉と背中周りの筋肉のことですが、腸腰筋を入れて骨盤帯としてとらえてよいでしょう。古くからクランチやシットアップ、レッグレイズ、サイドベント、ツイストなどさまざまな方法があります。

近年、フロントブリッジ（プランク）などに代表される"体幹トレーニング"が流行っています。本当にこの手法で体幹部の筋力や姿勢の安定性を効率よく高めることができるのでしょうか。脊椎の手術後のリハビリや腰痛の治療では一時的に体幹を剛体化させることによって痛みを出しにくくできるので、この手法をよく利用します。フロントブリッジやサイドブリッジができるかできないか、そしてできない原因は筋力が弱くてできないのか、痛みや麻痺などの病的な原因があるのか、それとも標的となる筋群をうまく使えないためかなどを評価します。運動器障害がある患者さんが対象なので、評価だけでなく、その動作自体が強化にもなります。

患者さんや子ども、高齢者は元々の筋力が弱いので、プランクでも体幹部の強化になります。運動経験の少ない女性がスタイルをよくしたいとボディメイクを始めるときも十分に効果があるでしょう。しかしアスリートでは捻りや前後左右の動きを伴うので、負荷の少ないこの方法で体幹の強化になるだろうか

と常々疑問に思っていました。近畿大学生物理工学部（当時）の谷本道哉先生も疑問を持たれたようで、国内外の体幹トレーニングに関する文献を検討、考察しています（谷本、2020）。

それによると「体の軸を意識しやすくなった」などの肯定的な意見と、「体幹トレーニングでは体幹部の筋量や筋力を上げることはできず、やはり従来からのクランチのほうが効果的である」や「体幹トレーニングで姿勢の安定性が向上するとはいえない」など否定的な意見があったようです。結論として「体幹トレーニングでは腹圧を高める効果は得られないので、スクワットやデッドリフトなどのレジスタンス・トレーニングを行う必要がある」と述べています。

広島東洋カープや阪神タイガースで活躍した金本知憲さんは現役時代にヘビーな筋トレをすることで有名でした。ちょうど体幹トレーニングが流行し始めた時期だったので、スポーツ記者から「金本さんは体幹強化にどんなトレーニングをしているのですか」と尋ねられました。しばらく間を置いて「ヘビーなスクワットです」と答えたそうです。記者は意外な答えに戸惑ったそうです。180 kg くらいの重量を担いで体幹をしっかりと立てて太腿が床に水平になるまで下げてスクワットをする写真が掲載されていました。おそらくハーフスクワット（HSW）なら 200 kg、クオータースクワット（QSW）なら 240 kg 以上はできる筋力を持っていたはずです。球史に残る「904 試合連続フルイニング出場」はこういった地道なトレーニングの賜物なのでしょう。

スポーツの競技パフォーマンスはさまざまな形で重力の影響を受けます。走り高跳びや幅跳び、重量挙げなどはまさに重力との闘いといっても過言ではありません。100 m 走やサッカーなど陸上で行う競技も重力の影響を受けます。人間の脊柱は横から見ると頸椎で前弯（前方凸）、胸椎で後弯（後方凸）、腰椎で前弯して全体でS字状になっています（図1.1 左）。S字状の脊柱は人間が二足歩行をして上肢が自由になったことの適応です。四足歩行の馬やチータでは脊柱の形状は異なります。

脊柱が一直線でなくS字状であることによって前後への動きの「力の溜め」を作ることができ、衝撃を吸収したり、推進力を生み出したりできます。陸上で行うスポーツではこの「力の溜め」を大きくすることが重要です。プランクなどの体幹トレーニングは負荷が少ないために腹筋や背筋力の強化には限界があります。さらに体を剛体化させてしまうため、動きながらの筋力発揮をする

図 1.1　人間の脊柱は横から見ると頸椎で前弯（前方凸）、胸椎で後弯（後方凸）、
腰椎で前弯して全体でＳ字状になっている。イルカなどの脊柱では凹凸はなく
一直線もしくは緩やかな曲線になっている。

スポーツパフォーマンスには不向きです。スクワットやベントオーバー・ローイングなどのコンパウンド種目では負荷を漸増することでいくらでも強化でき、しかも筋の連動や協調能力も向上できます。体重の 1.5 倍から 2 倍くらいの負荷のスクワットではバーベルを担ぐだけで腹筋や背筋は総動員されます。腹筋では腹横筋はもちろん、腹直筋も内外腹斜筋も総動員して腹圧を高めます。

　それでは体幹トレーニングはアスリートにとってまったく意味がないのでしょうか。同じスポーツでも水泳は水の中で行うために重力の影響がほとんどありません。幼少期から水泳を始める選手も多く、プールの中で過ごす時間が長いこともあってか、水泳のトップ選手の中には脊椎のＳ字状構造が少なく、ストレートに近い人がいます。これも水の中での適応変化かもしれません。イルカやシャチも同じようにストレートで、水中を移動する際の抵抗が少なくなっています（図 1.1 右）。バタフライやクロールなどの泳法による違いもあると思いますが、体を一直線に保つことができれば水の抵抗が少なくなります。そういう観点から考えると、いわゆる体幹トレーニングで脊柱の凹凸を減らして体を一直線に固定する練習をすることは意義があるかもしれません。このように競技特性を考慮して体幹トレーニングを取り入れるのがよいでしょう。

1.2　自分に合ったスクワットフォームの見つけ方

　姉妹書『筋力強化の教科書』のスクワットの項目で足幅、深さ、足の向き、

そしてバーベルの担ぎ方など基本的なことを紹介しています。自分の体重以上の重量でスクワットができるようになると、次は足幅や下ろしの深さが気になってきます。効果的なフォームや自分にあったフォームを見つけることができるように、解剖学的な見地からアドバイスしたいと思います。

1)　ポイント1：重心を意識する

　足幅については肩幅を基本として、それより広い場合をワイド、狭い場合をナロウと呼ぶことにします。大概の人は高重量を担ぐと足幅を広げて踏ん張ろうとする傾向があります。足幅を広げることで重心が低くなり体のバランスを保ちやすく、しゃがむときも重心移動が短くなるからです。いっぽうナロウスタンスでは重心位置が高く、しゃがむときの重心移動も長くなり、軌道を安定化させるのが難しくなります。そのためナロウのときは担げる重量が比較的軽くなります。重量が軽いと多少重心がずれても軌道を修正しながらしゃがんだり、立ったりすることができます。このように足幅が変わるだけでもスクワットフォームが大きく変化します。

　初心者では重心がどこにあるのか感じられないので体が前後左右にぐらついて不安定なスクワットになります。上級者では体で重心を感じられるようになっており、200 kg以上でも重心軌道が安定し同じフォームでスクワットを行うことができます。そのためには初心者では担ぐ重量を無理せず、足幅を基本の肩幅として「重心の振れ」を意識しながら行うのが安全です。自分の体重以上の重量を担げる中級者ならば足幅や足の向きを変えたり、下ろす深さを変えたりしながら練習することを勧めます。そうしていると体のどこに重心があるかを感じられるようになってきます。

2)　ポイント2：体幹をしっかりと立てる

　初級、中級の方によく見かける現象に「お辞儀」があります。これはしゃがむときに体幹を前傾し、立ち上がるときに体幹を起こす現象です。こうなる原因は主に2つあり、1つは骨盤帯筋群（大中臀筋や腸腰筋）の柔軟性の低下、もう1つは体幹の支持力が弱いためです。大腿裏面のハムストリング、臀筋、背筋群の体のバックラインを構成する筋群の柔軟性が低下していると骨盤を前傾位に固定する（骨盤を立てる）ことができず、しゃがみ込むときに骨盤が後傾

して、腰砕けとか Butt Wink（バットウ
インク）といわれる状態になります（図
1.2）。バックラインの筋群の柔軟性が高
い人ではお尻が踵に付くくらい下げても
「骨盤前傾位を保つ」ことができます。
どこまでしゃがむかはバットウインクが
出ないギリギリまでということになりま
す。

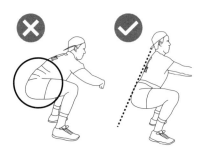

図 1.2　左は骨盤が後傾し体幹が崩れて
丸まってバットウインクになっている。
右は骨盤が前傾し、体幹もしっかりと
立っている。

　次に体幹の支持力ですが、バーベルを
担いだ状態で体幹を固定できるのは背筋
群が強いからと思っている人が多いよう
ですが、実は背筋だけでなく腹筋を使って腹圧を上げているので背筋がピンと
伸びているのです。幅の広いベルトを巻くとスクワットしやすくなるのはこの
理由です。担ぐ重量が軽いうちはわざとベルトを使わずにスクワットするのも
体幹の強化になります。

3)　ポイント 3：骨盤帯の柔軟性を保つ

　スクワットの足幅と下ろしの深さは密接な関連性があります。足幅が広くな
るほどハムストリングスや内転筋への負担が増します。この筋は骨盤の坐骨や
恥骨に付着しており、収縮すると骨盤を後傾させようと働くので、柔軟性が低
下している場合は骨盤を前傾位に保つことができずバットウインクになります。
そのために柔軟性の低い人では下ろしの浅いスクワットになります。ストレッ
チで開脚して骨盤を前傾位に保ちながら体を前屈して、胸が床に付くくらい柔
軟な人では足幅がワイドでもフルスクワット（FSW）が可能です。

　大相撲の力士は柔軟性が高いので、足幅がワイドでも腰を深く下ろすことが
できます。ワイドスクワットをしている人のなかにはしゃがむときは下腿が床
に垂直になっているのですが、立ち上がるときに膝を内側に絞る人がいます。
これは膝関節の内側に過度な負担が加わり、半月板損傷や軟骨が摩耗して変形
性関節症になるので厳禁です。図 1.3 の右は膝を絞り過ぎです。中級者（体重
の 1.5 〜 2 倍くらいを扱う）が高重量に挑戦するときは膝を絞る傾向がみられま
すが、図の左が絞りの限界です。スクワット中は膝が左右にぶれないように意

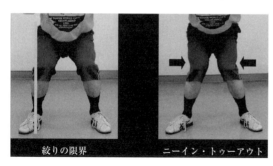

図1.3　膝を内側に絞らないように注意する。
膝の外側がくるぶしの内側を越えては危険。
右は絞りすぎて危険。

識し、できないときは潰れた方が安全です。

　逆に足幅が狭いと骨盤を前傾位に保ちやすく、深くしゃがむことができます。ただし膝が爪先より前に出るので大腿四頭筋への負荷が増し、ハムストリングや臀筋への負荷が少なくなります。どちらがよい、悪いという問題ではなく、強化の目的によって適した足幅やフォームを選択すべきかと思います。それぞれの人で筋肉の柔軟性や大腿の長さなどが異なるので、身体的特徴も考慮してしゃがみやすい足幅を見つけることが大切です。

4)　ポイント4：股関節と膝関節の解放順序

　『筋力強化の教科書』の「スクワットの力学」(p. 75) で基本フォーム、股関節スクワット、膝関節スクワットを科学的に解説しています。実際に「どのように意識すれば股関節スクワットができるのか」としばしば質問を受けます。「しゃがみ始めるときに股関節を先に曲げ始め、腰掛けるようにしゃがむ」と説明しています。膝関節スクワットは膝で荷重を受けて、膝から曲げ始めていきます。股関節と膝関節を同時に動かし始めると基本フォームになります。どこから動かし始めるかで重心の軌道が変わり、フォームが変わります。股関節から曲げるとハムストリングや臀筋等のバックラインの筋群中心のスクワットになり、膝関節を先に曲げていくと大腿四頭筋などのフロントラインの筋群への負担が増えます。これもどちらがよいというものではなく、競技特性や強化目的に合わせて変化させてよいと思います。

1.3　柔軟で強靱な骨盤帯を作る

　骨盤帯という言葉は聞き慣れないかもしれません。リハビリやスポーツ医学

では便利な言葉でよく使います。骨盤帯を構成する骨は腸骨、仙骨、腰椎、大腿骨で、筋群は腸腰筋の内骨盤筋と股関節外旋筋群、臀筋などの外骨盤筋、さらには内転筋群、ハムストリング、大腿直筋、腹筋群などがあります（図1.4）。肩甲骨と同じように骨盤（腸骨、恥骨、坐骨、仙骨）はたくさんの筋のターミナルになっています。

骨盤帯の筋群は走る、支える、蹴る、回すなどの動作の中心になっています。たとえば100m走、空手の上段回し蹴り、野球の投球動作などを見ても柔軟で強靱な骨盤帯からパワーが生み出されています（図1.5）。

スクワットでこの柔軟で強靱な骨盤帯を作り出すことができます。スクワットでは骨盤に付着する筋を総動員で使います。立つときの爆発力だけでなく、重りに耐えてしゃがむときの支持力やバランス制御力も身につきます。そしてスクワットをするときは可動域の大きいフルスクワット（FSW）を目指すことで柔軟性も獲得できます。どうしても深くしゃがめないときはせめてパラレルスクワット（PSW）か、ハーフスクワット（HSW）で頑張りましょう。

「陸上の短距離ではクオータースクワット（QSW）で十分、フルスクワットの必要はない」という意見があります。その根拠としてHartmannの調査が引用されますが、対象や方法の点でいくつかの問題点も指摘されています（Hartmann, 2012）。

特に筋トレを始めたばかりの選手がQSWしかしないというのは賛成できません。QSWしかしない人はPSWやFSWはできなくなります。逆にFSWができる選手はPSWもHSWもQSWもできます。FSWの使用重量が上がれば、当然QSWの使用できる重量も上がっています。1年間のトレーニング計画で筋増量期はFSWを中心に行い、試合期に近づけばHSWやQSWに移行して、変化をつけることはよいでしょう。

また傷害の面でも初心者が高重量でQSWだけすることには問題があります。体重60kgくらいの高校生スプリンターが180kgのバーベルを担いで膝を絞りながらのQSWを10回×5セットで週に5日以上続けて、1ヵ月後に恥骨の疲労骨折を起こしてしまった例があります。また同じ180kgのバーベルを背中で弾ませて胸椎の圧迫骨折を起こした野球選手や投擲選手もいました。いずれも指導者からの指示で、最新のトレーニング法ということで取り組んでいたそうです。これだけの重量を担ぐためには下肢だけでなく、上体や体幹の筋

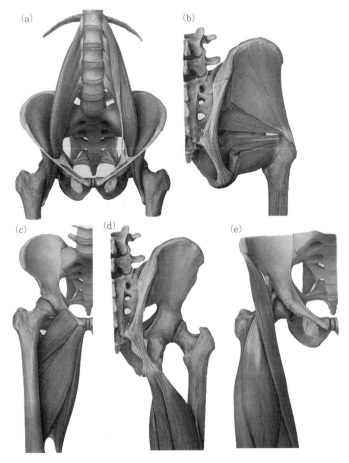

図1.4　骨盤内には腸骨筋と（大・小腰筋）があり、骨盤外には大・中・
　　　小臀筋、梨状筋、上・下双子筋、大腿方形筋、閉鎖筋などの外旋筋群が
　　　付着している。これは肩甲骨の腱板構造と似ている（a、b）。
　　　　また骨盤外から長・短・大内転筋、恥骨筋、大腿二頭筋、半腱様筋、
　　　半膜様筋、薄筋、大腿直筋、大腿筋膜張筋（図になし）、縫工筋などが
　　　付着している。さらに図にはないが、腹横筋、腹斜筋、腹直筋などの腹
　　　筋群も付着している。このように骨盤は人体の中で最も多くの筋のター
　　　ミナルになっている（c-e）。
　　　（坂井、2016を参考に作成）

図1.5　陸上短距離走、投球、空手の上段回し蹴り、いずれも柔軟で強靱な骨盤帯筋群がパワーの源になっている。

力も伴わないと危険です。FSW や PSW ならトレーニングしていくなかで重量に耐えることができる上体や体幹筋力も養われます。

1.4　筋力強化だけではスポーツ復帰できない

　膝の前十字靱帯損傷の治療で重要なことは、手術で適切な位置に靱帯を再建することと術後の適切なリハビリだといわれています。これは今も昔も変わりませんが、「適切なリハビリ」の内容は変化しています。私自身も整形外科医になって 15 年ほどは適切なリハビリとは、可動域の回復と周囲筋の筋力強化だと考えていました。再建した靱帯に過度な負担をかけないようにしながら膝周囲筋のトレーニングを行えばしっかりとした膝に戻ると信じていました。

　1980 年代に「膝前十字靱帯（ACL）再建後のリハビリとして大腿四頭筋（Quad）とハムストリングス（Ham）の同時収縮が有効」という意見が医学会を席巻し、多くの施設で行われました。当時は「関節を安定化させるには筋力強化が重要」と考えて、膝周囲にある筋の大腿四頭筋とハムストリングスの強化を積極的に行いました。またこの筋の強さはレッグエクステンション（LE）やレッグカール（LC）というトレーニングマシンで計測でき、患側の筋力を健側と比較することで回復の目安としました。科学的根拠に基づいたリハビリとして採用され、LE や LC が筋力強化の中心になっていました。

　しかし現場のトレーナーや理学療法士から「膝周囲筋の強化だけでは現場に戻れない」と疑問視する声が上がるようになりました。同時収縮は下肢を剛体

化させて膝を安定化させますが、棒足になってしまい、実際のスポーツでの動きとはほど遠いものになるからです。確かに Quad も Ham も膝の力源として重要ですが、臀筋や内転筋、大腿筋膜張筋などの股関節周囲筋も重要です。実際のスポーツパフォーマンスでは膝と股関節が連動して動いています。膝のケガをして手術を受けると膝周囲筋だけでなく股関節周囲筋も弱化してしまいます。スポーツパフォーマンスには個々の筋力強化も必要ですが、筋群の連動や協調といった「動かし方の再教育」も大切です。LE や LC などの単関節運動（アイソレーション種目）で個々の筋を鍛えるだけでなく、スクワットやランジなどの複合関節運動（コンパウンド種目）で膝周囲筋と股関節周囲筋を一緒に鍛えるほうが早く機能回復することがわかってきました。個々の筋力は競技復帰の必要条件であり、筋群の連動や協調ができてはじめて必要で十分な条件が揃ったといえます。

　それではリハビリではどのようなスクワットが安全で効果的なのでしょうか。筋力が発揮される様式には筋肉が引き伸ばされながら力を出す伸張性収縮（エクセントリック・コントラクション）、筋肉が縮みながら力を発揮する短縮性収縮（コンセントリック・コントラクション）、力は出るが筋肉の長さが変わらない等尺性収縮（アイソメトリック・コントラクション）があります。術後は筋群の連動や協調が難しく、特に伸張性収縮がスムースにできなくなります。その詳細は解明されていませんが、おそらく痛みに対する恐怖心からブレーキ（大脳からの抑制）がかかるためではないかと考えられます。そのためスクワットでしゃがみ込みがぎこちなくなります。バーベルを担ぐスクワットではしゃがんでから立ち上がるので、しゃがみ込みがスムーズにできない場合は膝に無理な負担がかかってしまいます。そういう場合は床に置いた1個のダンベルを両手で下げるように持って立ち上がるダンベルスクワットを勧めます。しゃがんだ状態から立ち上がるスクワットだと短縮性収縮から始まるので、筋力発揮をコントロールしやすくなります。

1.5　ベンチプレスにおける誤解

　ベンチプレス（BP）は筋力トレーニングの中でも最も多くの人が取り組んでいる種目です。基本的な動作やポイントは『筋力強化の教科書』（pp. 90-

113) で詳しく説明されている
ので、参照してください。ここ
では BP における誤解や実施時
の注意点や工夫について述べま
す。

　「ベンチプレスは臥位で行う
ので腰に負担がかかりにくく、
腰痛時でもやってよい」という
誤解です。自分の体重以上の重
量を上げるときには必ず両足を
床につけて踏ん張ります。中に
はお尻を浮かせて腰を極端に反
らせる人もいます（図 1.6）。

　このように BP は体幹、いわ
ゆる腰に負担がかかります。し
たがって腰痛時にはお勧めでき
ません。これはマシンを使って
座位で行う場合も同様です。

図 1.6　ブリッジで脊柱を反らせて体幹の筋力でバーベルを支えている。

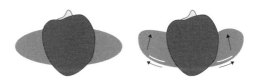

図 1.7　右は肩甲骨が外転前方偏位して、いわゆる "巻き肩" になっている。ベンチ台に寝ると肩が台から浮き上がってしまう。

　「BP 禁止令を出す MLB チームがあると聞きますが、野球選手にとって厚い
大胸筋が邪魔になるからですか」。これも誤解の 1 つです。BP は胸郭を広げ
ることが目的で行いますから投球動作のプラスになることはあっても妨げにな
ることはありません。間違ったフォームとしては、頭をベンチ台から浮かせて
胸までバーを下ろさずに途中で止めてしまう人がいます。こういった動作では
肩が浮いて "巻き肩" になってしまい、胸郭が広がりません（図 1.7）。

　このような "間違った BP" を禁止しているのかもしれません。また BP ば
かりしてスクワットやチンニングなどの種目をやらないために禁止していると
いう説もあります。

　よく「BP では必ずバーを胸まで下ろすことが大切」といいます。

　確かに胸までしっかりと下ろすことが原則ですが、肩や肘を傷めているとき
はバーを胸まで下ろす必要はありません。そんなときは無理して下ろさずに、
バーにパッドを巻くか、胸にクッションを置いて下ろしを調整する必要があり

ます。またバーを持つ手の位置を左右にずらしてみたりして、傷めている側への荷重が少なくなるように調整してもよいです。痛みを我慢しながらのトレーニングは勧められませんが、工夫で痛みがなくなるならトレーニングしながら治したほうが得策です。

1.6　小学生のインナーマッスル（腱板）強化の意義

　肘が痛くて病院を受診した小学生の野球選手が練習の前や後にゴムチューブで肩のトレーニングをしていると聞きました。保護者にトレーニングの目的を尋ねたところ、「指導者から教えてもらった肩肘のケガ予防」だそうです。チームの指導者が講習会でゴムチューブを使ってのインナーマッスル強化が肩肘の障害予防になると教わったからだといいます。はたして本当にケガの予防になるのでしょうか。

　肩は上腕骨、肩甲骨、鎖骨、肋骨（胸郭）からなり、肩甲上腕関節（肩甲骨―上腕骨）、肩鎖関節（肩甲骨―鎖骨）、胸鎖関節（胸骨―鎖骨）、肩甲胸郭関節（肩甲骨―胸郭）があります（図1.8）。胸鎖関節以外はすべて肩甲骨との連結で、肩甲骨が中心になっているのがわかります。

　一般の人は上腕骨と肩甲骨からなる肩甲上腕関節だけを肩だと思っていることが多いのですが、これは肩の関節の1つでしかなく肩鎖関節や胸鎖関節があるから安定した複雑な動きができるのです。そして肩甲骨が肋骨の上を滑らかに自由に動き、また肋骨にしっかりと固定されるから支点が定まって力を発揮することができます。この肩甲骨の可動性と固定性が肩の機能を決めているといっても過言ではありません。五十肩で肩が自由に動かなくなったときに肩甲骨の重要性を実感すると思います。

　インナーマッスルは肩甲骨と上腕骨の間に張っている棘上筋、棘下筋、

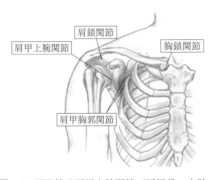

図1.8　肩関節は肩甲上腕関節（肩甲骨―上腕骨）、肩鎖関節（肩甲骨―鎖骨）、胸鎖関節（胸骨―鎖骨）、肩甲胸郭関節（肩甲骨―胸郭）からなる複合関節。

小円筋、肩甲下筋の４つの筋肉で腱板（ローテーターカフ）ともいわれます（図1.9）。上腕骨の回旋筋であると同時に上腕骨を肩甲骨に押し付けて固定するスタビライザーの役割をします。

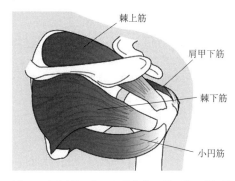

図1.9　肩甲骨の裏から棘上筋、棘下筋、小円筋が上腕骨頭に付き、表からは肩甲下筋が付着し、ワイシャツの袖のようになっている。

この筋がうまく働かないと上腕骨頭が肩甲骨窩の関節面を滑って腕を挙上することができなくなります。確かに腱板は大切な筋肉ですが、腱板に問題がない人が強化しても腱板損傷の予防になるとは限りません。やり方さえ間違えなければ害になることはありませんが、それ以外にやるべきことがあります。それは腱板を含めた肩甲骨周囲筋のストレッチです。腱板は弱い小さな筋肉なので使い過ぎによる過労が禁物で休養が必要です。疲れて柔軟性が低下している場合はストレッチで緊張を緩めることが大切です。特に重要なことは肩甲骨が前傾したり外転し過ぎたり悪い位置に固まっていないかチェックすることです。もし位置異常や拘縮があれば肩甲骨周囲の筋肉をマッサージしたりストレッチしたりして肩甲骨の可動性を回復させます。肩の機能を保つために大切なことは、「肩甲骨の可動性と固定性を確保する」ことです。肩甲骨を固定する力が弱っているときは肩甲胸郭関節がグラついて体幹からのパワーが伝わらなくなります。

また腱板の力が落ちて上腕骨を肩甲骨窩に固定できない選手ならば、局所安静と薬物治療の後にゴムチューブを使っての腱板のトレーニングが必要です。これは強化ではなく回復のための治療です。障害の治療としてのリハビリ（コンディショニング）と強化のためのトレーニングを分けて考えたほうがよいでしょう。小学生が手術をするほどの腱板障害を起こすことはなく、多少の機能障害があってもストレッチで改善します。小学生はゴムチューブで腱板トレーニングをするより、腕立て伏せや懸垂などの基礎筋力強化を優先するほうがよいと思います。こういった複合運動をすることで腱板は一緒に強化されます。

第 2 章

体にやさしく効果的なトレーニング
——スロートレーニングの理論と応用

　筋力トレーニングによって筋肉を増やし筋力を増強することは、スポーツ選手だけでなく、子どもから高齢者に至る広い範囲の人々にとって重要な時代になりました。特に、加齢に伴う筋萎縮と筋力低下（サルコペニア）の予防・改善は、超高齢社会を迎えた日本ではもちろんのこと、他の多くの国々でも喫緊の課題となっています。

　効果的に筋肥大や筋力増強をもたらすためには、トレーニングの強度、量（容量）、頻度などを適切に設定する必要があります。なかでも強度は最も重要な要素と考えられており、1種目につき「最大挙上負荷重量」（1RM）の80%の負荷強度（「80% 1RM」と記述します）で、1セット当たり最大反復回数（80% 1RMでは8回程度）、3セット程度を行うプログラムを「標準的」なものとみなしてよいでしょう（石井ほか、2020）。本書でも、一般的なトレーニングの場合には80% 1RM前後を標準的負荷強度とみなして解説しています。

　これまで、負荷強度が65% 1RMを下回ると筋持久力の向上が主効果となり、筋肥大や筋力増強はほとんど起こらないとされてきました。つまり、筋肉づくりや筋力強化には、かなりの高負荷強度が必要となります。その生理学的説明として、トレーニングによって肥大するのは主に速筋線維であること、速筋線維はそもそも大きな筋力を発揮しないと使われないこと（「サイズの原理」）が挙げられます。

　一方、高齢者や有疾患者では、高負荷強度のトレーニングは運動器の外傷や障害の危険性を伴います。これらは適切なフォームの指導などによってある程度回避可能ですが、もう1つ厄介な問題に運動中の急激な血圧上昇があります。そこで、低負荷強度で高齢者や有疾患者にも安全に行え、かつ筋肥大・筋力増強効果がある方法として筆者らの研究グループで開発したものが「筋発揮張力維持スロー法」（以後「スロー法」）です（Tanimoto & Ishii, 2006）。ここでは、

高齢者の筋力づくりやリハビリテーションに関わる方々、あるいはこれらに関心のある方々にスロー法をより深く理解していただくために、その開発に至る経緯、効果とそのメカニズムなどについて解説します。

2.1　筋発揮張力維持スロー法の開発

　筋発揮張力維持スロー法はその名の通り、「筋が発揮する張力を維持したままゆっくりと動作する」トレーニング法です。Tanimoto & Ishii（2006）により米国生理学会誌に公表したものがオリジナルで、英語名の省略形として"LST"（Low-intensity, Slow and Tonic force generation）とも呼びます（Tanimoto & Ishii, 2006）。また、日本国内でもこの方法についての一般向け書籍を多く出版しましたが、それらのタイトルの「スロトレ」という名称でよく知られていると思います（石井・谷本、2005）。

　スロー法の源流は筋血流制限下のトレーニング（「加圧トレーニング」として知られる）にあります。「加圧トレーニング」については、開発者から依頼を受け1995年から10年間ほど研究を行いました。この方法では、四肢の付け根の部分を空圧ベルトで圧迫し、筋血流を制限して腕や脚のトレーニングを行います。動物実験を含むさまざまな研究を行い、40% 1 RM以下の低負荷強度でも著しい筋肥大をもたらすことなど、多くの興味深い知見が得られました（Ishii *et al.*, 2012）。一方、外部からの血流制限により血栓が生じる危険性があり、実用上の問題点とされています。また、指導を受けるために費用がかかることや、対象が腕や脚に限られることも欠点といえるでしょう。

　そこで、外部からの加圧なしに筋血流を制限するために、筋収縮に伴う筋内圧の上昇を利用できないかと考えました。まず、近赤外分光法を用いて筋血流を測りながら徐々に発揮筋力を増してゆくと、最大筋力の30%程度の筋力レベルから筋内圧の上昇に伴う血流抑制が始まりました。このことから、同程度の発揮張力であっても、これを緩めずに持続すれば加圧トレーニングの場合と同様に筋血流の制限が起こることが示唆されました。

　次に動的トレーニングの条件で調べると、通常の動作スピード（1〜2秒で挙上）では筋緊張が緩んでしまう瞬間が出現し、筋血流の持続的な制限が困難なことがわかりました。結果的に、「負荷の上げ下げにそれぞれ3秒以上かけ、

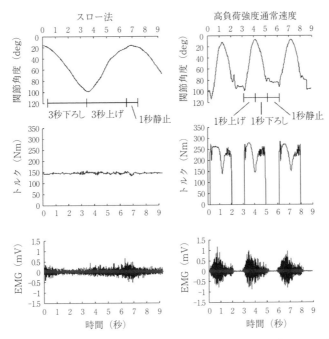

図 2.1　スロー法（50% 1RM）および高負荷強度通常速度（80% 1RM）
でのニーエクステンション時の膝関節角度、膝伸展トルク、外側広筋
の筋電図（EMG）。（Tanimoto & Ishii, 2006 より改変）

常に筋の緊張を維持して動作する」ことで、加圧トレーニングの場合に匹敵す
る筋内酸素環境の変化が達成されました。

　図 2.1 に、低負荷強度でのスロー法（50% 1 RM、3秒で挙上、負荷がかかった
状態で1秒静止、3秒で降下）、および高負荷強度での通常速度（80% 1 RM、1秒
で挙上、1秒で降下、1秒静止）でニーエクステンションを行った場合の膝関節
角度、膝伸展トルク、外側広筋（大腿四頭筋の一部）の筋電図を示します。ス
ロー法では動作が滑らかでゆっくりであること、発揮トルクがほぼ一定である
こと、筋活動が持続していることがわかります。

　さらに、上記と同様に 50% 1 RM 強度でのスロー法を行った場合の外側広
筋の筋酸素化レベル（酸素結合型ヘモグロビンの割合）は、動作速度のみ通常で
他は同条件の場合に比べて著しく低下することが示されました（図2.2）。

　そこで、まず若齢者を対象とし、低負荷強度スロー法（50% 1 RM × 8回 × 3

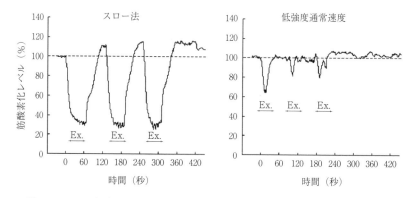

図2.2　スロー法（50% 1RM）および低負荷強度通常速度（50% 1RM）でのニーエクステンション時の外側広筋の筋酸素化レベル（安静時を100%）。Ex は1セットのエクササイズ中（8回）を示す。（Tanimoto & Ishii, 2006 より改変）

セット）、高負荷強度通常速度（80% 1RM × 8回×3セット）、低負荷強度通常速度（50% 1RM × 8回×3セット、1秒で挙上／降下）の3条件で、3ヵ月の長期トレーニング効果を調べたところ、スロー法では高負荷強度の場合と同程度の筋肥大効果（平均約6%）が認められました。一方、スロー法と同負荷強度の通常速度では有意な筋肥大効果は認められませんでした（Tanimoto & Ishii, 2006）。

2.2　高齢者・有疾患者における効果

次に高齢者（平均年齢約70歳）を対象として短期および長期の介入研究を行いました。まず、若齢者の場合と同条件（50% 1RM × 8回×3セット）では、若齢者の場合ほど顕著な筋内酸素環境の変化は起こりませんでしたが、長期介入では若齢者の場合と同様の筋肥大効果が認められました（Watanabe et al., 2013）。さらに、負荷強度を 30% 1RM まで下げた条件（30% 1RM × 13回×3セット）で長期介入を行ったところ、この強度でも有意な筋肥大・筋力増強効果が得られました（図2.3；Watanabe et al., 2014）。

負荷強度を 30% 1RM 程度まで低減できるということは、外的負荷を用いない「自重エクササイズ」でも十分な効果が期待できることを示唆しています。

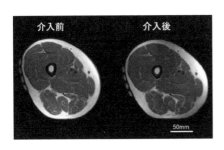
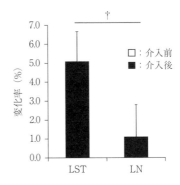

図 2.3　高齢者（平均年齢約 70 歳）におけるスロー法の長期効果（3 ヵ月）。種目はニーエクステンション。左は大腿中央部 MRI 横断像（典型例）、右は大腿四頭筋横断面積の変化率を平均値 ± 標準偏差で示す。LST, スロー法群（30% 1RM）; LN, 低負荷強度通常速度群（30% 1RM）。†は群間の有意差を示す（$P < 0.05$）。（Watanabe *et al.*, 2014 より改変）

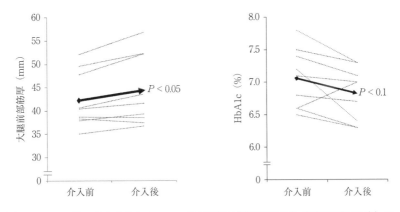

図 2.4　スロー法による自重トレーニングが高齢 2 型糖尿病患者（平均年齢 70 歳）の筋サイズと糖代謝に及ぼす効果。破線は個人内の変化、太線は平均値の変化を示す。大腿前部の筋厚が増加するとともに、糖化ヘモグロビン（HbA1c）値が低下している。（Takenami *et al.*, 2019 より改変）

そこで、高齢糖尿病患者（平均年齢 70 歳）を対象として、スロー法での自重負荷のスクワットを中心とするプログラムの長期介入（4 ヵ月）を行ったところ、筋量増加、筋力増強、および糖代謝機能の改善効果が認められました（図 2.4；Takenami *et al.*, 2019）。

　これらの研究から、スロー法が高齢者のサルコペニアの予防・改善に加え、糖尿病の運動療法としても有用であることが示されました。

2.3　スロー法の効果のメカニズム

　筋力トレーニングによる筋肥大のメカニズムはまだ完全に解明されているわけではありませんが、上述のようにトレーニング中に肥大するのが主に速筋線維であることから、少なくとも運動中に速筋線維が動員されること、さらに速筋線維の内部で「mTORシグナル伝達系」という反応経路が活性化し、最終的にリボソームによるたんぱく質合成が活性化することが重要と考えられています（Ishii *et al.*, 2012）。

　筋肉中の運動単位（1個の運動ニューロンとそれが支配する筋線維の集団）のうちどのくらいの割合が動員されているか（筋活動レベル）を、筋電図の平均振幅から推測することができます。スロー法と通常スピードの低負荷強度（50% 1RM）ニーエクステンションを8回行った場合の外側広筋の筋活動レベルを比べると、スロー法で行った場合にのみ、後半の反復（レップ）での筋活動レベルが上昇することがわかりました（図2.5；Watanabe *et al.*, 2014）。

　さらに、運動後の血中乳酸濃度を測ると、スロー法では通常動作での高負荷強度（80% 1RM）の場合とほぼ同様のレベルまで上昇したのに対し、スロー法と同じ負荷強度で通常動作スピードの場合にはほとんど上昇しないことがわかりました（図2.6；Tanimoto & Ishii, 2006）。乳酸は無酸素的解糖系をエネルギー獲得のために利用する速筋線維が主に放出しますので、血中乳酸濃度の上昇は、どの程度速筋線維が動員されたかを示す指標となります。これらの研究結果から、スロー法では、セットの後半になるに従って筋内の低酸素化・筋疲労が進行し、遅筋線維に代わって速筋線維が付加的に動員されることが示唆されます。

　ラットの筋力トレーニングモデル系を用いた筆者らの研究グループの実験では、mTORシグナル伝達系とたんぱく質合成の活性化には発揮張力のピーク高よりも、力積（力×筋力発揮時間）の方が重要なことが示唆されました（Ochi *et al.*, 2010）。さらに、カナダの研究グループは、ヒト外側広筋を対象として、ニーエクステンションをスロー（30% 1RM、6秒で挙上、6秒で降下）で行った

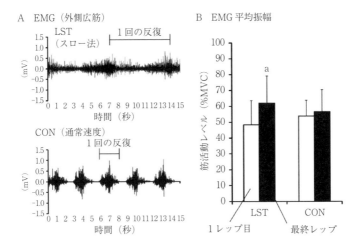

図 2.5　スロー法（50% 1RM）および低負荷強度通常速度（50% 1RM）での
ニーエクステンション時の外側広筋の筋電図（EMG）とその平均振幅か
ら推定した筋活動レベル（最大筋活動に対する相対値；%MVC）。a は 1
レップ目との有意差（$P < 0.05$）を示す。（Watanabe *et al.*, 2013 より改変）

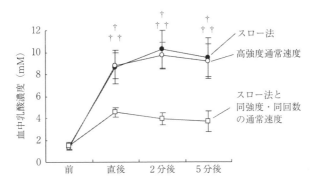

図 2.6　スロー法（50% 1RM）、高強度通常速度（80% 1RM）、スロ
ー法と同強度・同回数の通常速度でのトレーニング後の血中乳酸
濃度。棒は標準偏差、†と††はそれぞれ●と□、○と□の間の有
意差（$P < 0.05$）を示す。（Tanimoto & Ishii., 2006 より改変）

場合と通常速度（スローと同負荷強度、同回数、1秒で挙上、1秒で降下）で行った場合を比較し、スローの場合にのみ mTOR シグナル伝達系と筋たんぱく質合成の活性化が起こったことを示しました（Burd *et al.*, 2012）。

　したがって、スロー法が効果的に筋たんぱく質合成を高めることは明らかになりましたが、スロー法と mTOR シグナル伝達系の活性化をつなぐしくみについてはさらなる解明が必要です。近年の研究から、30% 1RM 程度の低負荷強度・通常速度であっても「真に筋が疲労困憊に至る」まで反復を繰り返すことで、たんぱく質合成活性化（Burd *et al.*, 2010）や筋肥大（Mitchell *et al.*, 2012）が起こることも明らかになっています。このような方法は「低負荷強度大容量法」と呼べますが、筋肉が疲労困憊になるまでを複数セット繰り返す必要があり、たいへん「きつい」トレーニングとなります。結果的に循環器にストレスがかかったり、心理的ストレスも大きくなったりするため、あまり推奨はできません。「高負荷強度」のトレーニングは「きつい」と思われがちですが、実は「低負荷強度で真に効果を上げるトレーニング」の方がはるかにきつく、80% 1RM 程度の負荷強度のトレーニングは、若く健康な人にとってはむしろ「楽に効果を上げる」ことのできる効率的なものと捉えた方がよいでしょう。

　現在までの知見をまとめると、筋力トレーニングによる筋肥大効果には、まず速筋線維が動員され、かつ十分に疲労状態にまで追い込まれることが必要条件と考えられます。高負荷強度では、最初の1回目から速筋線維が動員されま

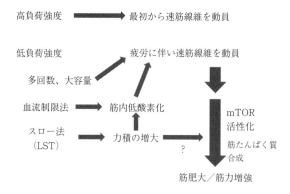

図 2.7　負荷強度に依存しないトレーニングプログラムの
　　　　多様化とスロー法の位置づけ。

すので、その分効率的に速筋線維の疲労が起こるといえます。さらに、筋肉がわずかに疲労しただけで（たとえば筋力が 20% 低下しただけで）反復不能になりますので、1 セットこなした後の全身的な疲労感覚も強くないでしょう。低負荷強度でも、真に疲労困憊に至るまで、多回数を何セットもこなせればよいのですが（低負荷・大容量）、全身的な疲労やストレスはかえって大きくなります。そこで、より早期に筋を疲労状態に追い込む工夫として、血流制限やスローな動作が効果的となります（図 2.7）。

2.4　スロー法の実施上のポイント

　以上のように、スロー法は、「手早く筋を疲労状態に追い込む」ことによって筋肥大と筋力増強をもたらすトレーニング法の 1 つといえます。動作がスローなことは、スポーツの補強などには欠点となりますが、加速度が小さいため関節などに撃力が作用しない点や、適切なフォームを確認しながら行えるという点では、安全性の面で望ましい特徴といえます。スロー法は本書で取り上げている基本的なトレーニング種目であればどれにでも適用可能ですが、効果を上げるために必要となるポイントをいくつか挙げておきます。

　　1）力を緩めない：動作全般にわたり、筋の力を緩めないように意識することが重要です。動作を静止する場合には、負荷がかかり続けるポジションで（たとえばスクワットではボトムポジション、ニーエクステンションでは膝を伸ばしたポジション）。筋緊張が緩んだ瞬間に血液が流れ、トレーニング効果が消失してしまうと考えるようにしましょう。

　　2）1 セット 1 分が目安：上げ下げにそれぞれ 3 秒以上かければ、3 秒でも 4 秒でも 5 秒でも、動作を行いやすい秒数／動作スピードを選んで構いません。反復回数としては 1 セットの持続時間が 1 分以上になることがトレーニング初期の目安になります。たとえば、上げ下げそれぞれ 3 秒での場合は 10 回（$3 \times 2 \times 10$）、4 秒では 8 回、5 秒では 6 回程度となります。

　　3）筋疲労を感じる：筋が疲労状態に至らなければ効果は得られません。上に示した回数は目安として、トレーニングに慣れてきたら、筋に疲労感を感じるまで反復することが重要です。できれば最大反復回数（RM）まで行うのがよいのですが、たとえば自重負荷レベル（〜 30%1RM）のスク

ワットの場合、RM そのものがよくわからないというケースが多いと思います。1 セットの反復回数の目安としては、高齢者や筋力のない人では 10 〜 15 回、それなりに筋力のある人では 20 回前後を目標値としてよいでしょう。

第3章 筋力トレーニングの実践

　筋肉は大きく脚・胸・背という3大筋群と、肩・腕・腹という小筋群の、合わせて6つに分けられます。各筋肉部位別にトレーニング種目をみていくと、脚の種目の代表格が「スクワット」、胸が「ベンチプレス」、背中が「デッドリフト」で、これらがビッグ3といわれる基本種目となっているのは周知の通りです。

　姉妹書『筋力強化の教科書』では筋力トレーニングの種目のビッグ3である、スクワット、ベンチプレス、デッドリフト、それにベントオーバーロウの理論と実践法を具体的に説明しています（これらは重要な種目ですので、本章の最後でもその手順・ポイント・注意点を簡単に紹介します）。ただし、背中の種目として挙げたデッドリフトは主に脊柱起立筋を強化する運動で、肩甲骨を動かし肘を曲げながら引くという背中の重要な動きに関わる広背筋の強化効果が十分ではありません。そこで、脊柱起立筋を使いながらも、広背筋を鍛えることができる種目として「ベントオーバーロウ」を、ビッグ3に加えているのです。

　本書では、姉妹書では扱えておらず、しかしやはり重要な小筋群種目を扱います。

　ですが、肩・腕・腹の各筋肉部位の基本種目は何になるのか、というのは今まで明確に示されていないように思われます。そこで、本書では肩・腕・腹の数ある種目のなかから、

　　　肩：スタンディング・バックプレス
　　　腕：バーベルカール（上腕二頭筋）、トライセプスプレス・ライイング（上腕三頭筋）
　　　腹：デクライン・シットアップ

という4つの種目を選び重点的に解説します。選んだ理由は以下の2つです。各筋肉部位のなかで、

①一番高重量が扱える種目である

②目的の部位をバランスよく発達できる

これらを選んだのは、脚や胸の種目として、スクワットやベンチプレスを選んだ基準と同じです[1]。

肩は、僧帽筋と三角筋でできています。「バックプレス」では僧帽筋も使いますが、主に三角筋全体を使います。この三角筋は前部・中央部・後部の3つに分けられますが、これらの3つの部分の筋肉全部を使って、肩の種目のなかでも最も高重量を扱えるのがバックプレスなのです。フロントプレスでは胸の上部も使い、三角筋前部をより強く使って上げるのに対して、バックプレスでは胸や背中の筋肉をできるだけ動員することなく、三角筋全体を使って、僧帽筋に担いだバーを鉛直方向の頭上に押し上げます。スタンディング・ダンベルプレスでも同じように、三角筋全体を使って頭上に押し上げますが、使用重量の総量はバーベルを使ったバックプレスよりも低くなります。

腕は、上腕二頭筋と上腕三頭筋のトレーニングで太く大きくすることができます。上腕二頭筋の基本種目運動として「バーベルカール」を挙げることに異論はないかと思います。上腕三頭筋に関しては、ナロウベンチプレスやケーブルプッシュダウンなども挙げられますが、上腕三頭筋の3つの部分（長頭・内側頭・外側頭）に同時に、しかも高重量をバランスよくかけられる種目は「トライセプスプレス・ライイング」になります。その理由についても、解剖学・力学的な視点、それに生理学の基本的な視点も交えて後述しています。

腹のトレーニング種目では、シットアップとレッグレイズがよく知られています。この2種目の効果を1種目で得ようとするならば、上半身の重さを利用した「デクライン・シットアップ」になります。レッグレイズよりも高重量を使って、強い負荷をかけて行うことができます。ただし、下腹部もしっかりと鍛えたい場合にはレッグレイズも行うことを推奨します。腹筋群（腹直筋・外腹斜筋・内腹斜筋・腹横筋・腸腰筋）の構造や運動のしくみ、機能的な役割がわかれば、ここでのシットアップの説明を応用して、正しいレッグレイズのフォ

---

1) スクワットは、複合（多）関節運動として、大腿四頭筋・ハムストリングス（大腿二頭筋・半腱様筋・半膜様筋）・大臀筋のそれぞれの筋肉部位をバランスよく、しかも同時に、さらに強力に発達させることができます。またベンチプレスは、胸の種目のなかでも高重量を使って、胸にかかる負担を一番大きくできます。

	部位	基本（メイン）種目
1	脚	スクワット
2	胸	ベンチプレス
3	背	デッドリフト、ベントオーバーロウ
4	肩	スタンディング・バックプレス
5	腕	バーベルカール、トライセプスプレス・ライイング
6	腹	デクライン・シットアップ

ームで行えるはずです。

　上述のように、私たちの体は主に6つの筋肉部位でできており、なかでもビッグ3で鍛える三大筋群は、確かにとても重要な部位群です。しかし、それらを鍛えるためには、必ず肩や腕、さらに腹筋も同時に動員されています。日常生活やスポーツの場面でも、6つの筋肉部位は個別に働いているのではなく、連動して働いているのです。そのどこかに弱い部分が出てくると、そこがボトルネックとなって、体にとって悪影響が出てきたりします。

　そして6つの筋肉の部位別には、それぞれの筋力トレーニング種目があります。1つで6つの部位を同時に鍛えられる種目はありません。そのため、自分に合った種目を選び、自分に合ったプログラムを作成し、処方してトレーニングメニューを作ります。前出の基本種目を整理します。

　基本種目はメイン種目と言い換えることができます。各基本（メイン）種目には、補助（サブ）種目があります。サブ種目をうまく用いることで、メイン種目の効果を更に引き出すことができます。以下にいくつかサブ種目を紹介します。

	部位	補助（サブ）種目
1	脚	レッグプレス、レッグカール、レッグエクステンション、（フロント・サイド・バック）ランジ、ブルガリアンスクワット、スピリットスクワットなど
2	胸	ダンベルプレス、マシンでのチェストプレス、インクラインプレス、ラテラルレイズ・ライイング、ペックデックフライ、ケーブルクロスなど
3	背	ダンベルベントオーバーロウ、チンニング、フロアープーリー、シーデッドロウ、ワンハンドロウなど
4	肩	スタンディング・ダンベルプレス、マシンでのショルダープレス、フロントレイズ、サイドレイズ、リアレイズ、アップライトロウなど
5	腕	ナロウベンチプレス、ダンベルカール、ケーブルカール、ダンベルキックバック、ケーブルプッシュダウンなど
6	腹	クランチ、レッグレイズ、ツイスティング・シットアップ、アブドミナルマシンクランチなど

　基本種目の1〜5まではバーベルを使用します。しかし、体力低下や肩痛・肘痛などの何らかの事情でできない場合には、軽ダンベルでも代用できます。ダンベルもできない場合にはマシンを使って行うこともできます。さらに、自重でのトレーニングにも応用することができます。応用力をつけるためには、基本となる種目の意味を理解し、正しいフォームを実際に行えるようになることが必要です。

　最近では筋力トレーニングに励む人が、世代を超えて増えています。以降で紹介する各基本種目は一般成人だけでなく、スポーツ選手から有疾患者、高齢者、子どもに至るまで実践・応用することができます。多様な筋力トレーニングの実践者が、ここで紹介する基本的な理論と実践法を理解し、適切な応用力を身につけ、安全に、安心して、そしてより効果的に行うことを期待します。

重要な種目の理論と実際

スタンディング・バックプレス
バーベルカール
トライセプスプレス・ライイング
デクライン・シットアップ

スタンディング・バックプレス

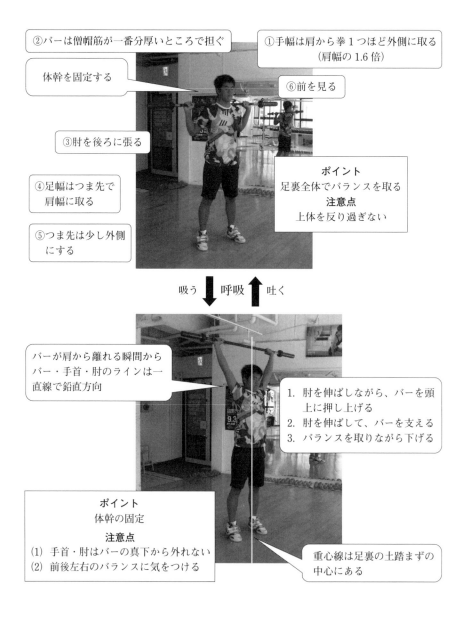

②バーは僧帽筋が一番分厚いところで担ぐ

①手幅は肩から拳1つほど外側に取る（肩幅の1.6倍）

体幹を固定する

⑥前を見る

③肘を後ろに張る

④足幅はつま先で肩幅に取る

⑤つま先は少し外側にする

ポイント
足裏全体でバランスを取る
注意点
上体を反り過ぎない

吸う　**呼吸**　吐く

バーが肩から離れる瞬間からバー・手首・肘のラインは一直線で鉛直方向

1. 肘を伸ばしながら、バーを頭上に押し上げる
2. 肘を伸ばして、バーを支える
3. バランスを取りながら下げる

ポイント
体幹の固定
注意点
(1) 手首・肘はバーの真下から外れない
(2) 前後左右のバランスに気をつける

重心線は足裏の土踏まずの中心にある

1. 理　論

スタート　　　　　　　　　　フィニッシュ

　肩の運動には、引き上げる種目（レイズ系）と、押し上げる種目（プレス系）
があります。スタンディング・バックプレスは文字通り押し上げる種目で、正
確なフォームを理解するには肩や肩の土台となっている肩甲骨についての構造
やその周辺の筋肉についての知識が必要です。

1.1　肩の解剖学的視点

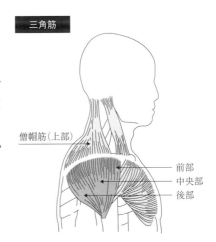

三角筋

(1)　肩のアウターマッスル

　肩の表層（外側）の筋肉（アウターマ
ッスル）には、三角筋と僧帽筋がありま
す。三角筋は肩関節全体を前方・中央・
後方のあらゆる角度から覆うようについ
ている筋肉です。

僧帽筋（上部）

前部
中央部
後部

　三角筋には、

　　　①肩の前方挙上（腕を前方に上げる）

　　　②肩の外転（腕を真横に上げる）

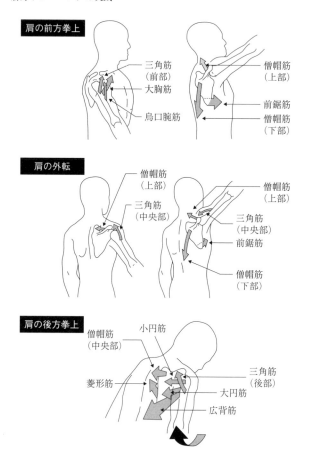

　③肩の後方挙上（腕を後方に上げる）

という、3つの機能があります。他の筋肉と連動しながら、肩全体の動きをサポートします。また、肩関節に大きな力が加わったとき、外側から包み込むようにして、安定させるという働きもあります。

　僧帽筋は三角筋の背面側にあり、全身の中でも特に大きな筋肉です。広背筋とともに肩を主に水平方向へ外転させる（肩を後方へ引っ張る）ときに働きます。

　腕を真横に上げる種目であるサイドレイズの場合、耳の位置くらいまでは三角筋を使っています。「気をつけ」の姿勢の腕の角度から120度ぐらいまでです。それ以上の角度では、僧帽筋の上部や肩甲挙筋（頸椎と肩甲骨を結んでいる

筋肉）などが働いて、肩甲骨を外側へ
ぐるりと回すように作用（外転）しま
す。このように、単純に肩を上げる動
きでも、いろいろな筋肉が働きます。
三角筋を主導筋として動かす種目は、
いくつかの筋肉が協調して同時に働か
ないと動きが不自然になったり、ケガ
につながったりします。

　また肩は球関節で、きわめて自由度
の高い動きができます。その分ひとつ
間違えると、骨同士がこすれて傷つい
たり脱臼したりと、障害に結びつきや
すい構造です。反面、そうならないよ

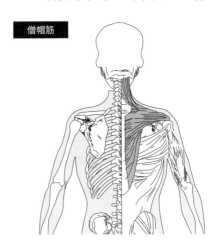

僧帽筋

3方向から見たサイドレイズのフィニッシュ

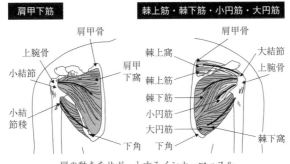

肩甲下筋　　　棘上筋・棘下筋・小円筋・大円筋

肩の動きをサポートするインナーマッスル

うに、いろいろな筋肉（深層筋）があらゆる方向からサポートされるような構造にもなっています。それらの筋肉は主に肩を回旋（外旋・内旋）するときに働き、自由度の高い肩関節を深部でサポートしています。

　こうした深層筋は、肩関節を体の中心側にギュッと押さえつけるような働きをします。つまり、三角筋や僧帽筋などの働きに逆らいながら、肩の球関節が正しい位置で回るように調整しています。こうして複雑な動きが可能になっている分、そこに関わる筋肉も多くなります。いろいろな筋肉が関与して、肩関節の球の中心が運動の回転中心になるように安定化されていると、大胸筋や広背筋によって大きな力が発揮されたときも肩関節がズレにくくなります。そうしたインナーマッスルのおかげで、三角筋や僧帽筋なども存分に働くことができます。

（a）　筋肉の位置と機能による分け方

　筋トレの現場では「インナーマッスルの強化はどのように行うのか？」といったことがよく話題に上がります。

　一般的に、インナーマッスルの定義は「内側に位置する筋肉（深部筋・深層筋）」、アウターマッスルは「外側に位置する筋肉（表層筋）」とされています。インナーマッスルの代表格はローテーターカフで、最近ほとんどの野球選手が、ラバーバンドや1，2kgの軽いダンベルを用いて、そのトレーニングをしています。ローテーターカフは上腕骨を肩甲骨に引き付ける働きがあります。その役割は、肩が外れないように骨と骨をつなぎとめています。

　機能的にみると、このような安定した靱帯のような役割を果たしている筋肉を「スタビライザー（安定）マッスル」といいます。一方、関節を動かし動作を生み出す役割を果たしている筋肉を「モビライザー（動き）マッスル」といっています。ボールを投げる動作の場合は、ローテーターカフが「スタビライザーマッスル」として働き肩を安定させます。そして、三角筋や僧帽筋、さらに大胸筋・広背筋などの「モビライザーマッスル」が大きな力を出すことによって、腕を勢いよく思い切って振ることができるのです。このように、機能的なアプローチによって、それぞれの筋肉のどちらにも重要な役割があることがわかります。決して二者択一ではありません。

　しかし、「アウターマッスルよりインナーマッスルが重要」と考え、モビライザーマッスルのトレーニングを行わず、ローテーターカフのようなスタビラ

イザーマッスルだけを、重点的に時間をかけ、かつ多角的に行っている選手がいます。このような選手は高度な知識を身に付けていても、全体的にバランスの取れたシンプルな組み合わせでトレーニングすることができなくなってしまっているのです。

　上半身と下半身をつないでいる、下腹部の深部にある腸腰筋（腸骨筋と大腰筋）は位置的にはインナーマッスルですが、その働きからみると脚を前方に振り出すモビライザーマッスルです。スタビライザーマッスルとして働くローテーターカフの棘下筋は、表層部にあって外からはっきりと見えます。位置的な定義ではアウターマッスルです。インナーマッスル、アウターマッスルという呼び分けは、その筋肉が存在する位置による定義で、機能を意味しているわけではないことは、知っておきましょう。

1.2　肩甲上腕リズム

　腕を伸ばして、「気をつけ」の姿勢から、肩（肩甲上腕関節）を外転させて「万歳」をした状態では、腕が180度動きます。このときには肩甲骨も上方回旋しています。肩甲上腕関節が動く角度と肩甲骨の上方回旋することでつくられる角度の比率は2対1になるといわれています。これを「肩甲上腕リズム」といいます。この動きには、三角筋中央部だけでなく、僧帽筋と前鋸筋も関わってきます。バックプレスの場合には、三角筋をメインとして使いながら、協

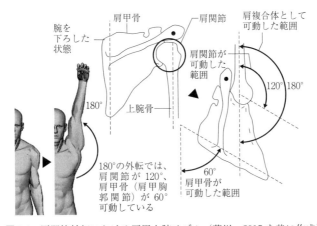

図3.1　肩関節外転における肩甲上腕リズム（荒川、2015 を基に作成）

働筋として僧帽筋・前鋸筋、それに上腕三頭筋も使います。

　脊柱と肩甲骨をつなぐ僧帽筋と、肋骨と肩甲骨をつなぐ前鋸筋の発揮する力を「カップリングフォース」といいます。僧帽筋と前鋸筋はペアで動いて、肩甲骨を上方回旋させます。興味深いことにこれらの筋肉は、肩甲骨の外転・内転に関しては拮抗筋になっています。

1.3　肩の力学的視点

　肩関節は動きの自由度が高い分、トレーニング種目も多様です。三角筋をメインにその周辺の筋肉全体を鍛えようとすれば、「レイズ系」の種目が中心となります。ダンベルを持って腕を真横に上げるサイドレイズは、主に三角筋の中央部を使います。三角筋の前部・後部はそれぞれフロントレイズやリアレイズがあり、ベンチプレスやラットマシンプルダウンなどでも大胸筋や広背筋と同時に使われます。

　肩を1つの種目で総合的に鍛えるためには、複合（多）関節運動としての「プレス系」の種目を行う必要があります。また、スポーツ動作につなげるためには、複合関節運動を優先的に行います。というのも、サイドレイズのような単関節運動はスポーツの動きにはあまり見られないからです。単関節運動としてのレイズ系は、「複合関節運動としてのプレス系の効果を促進する」と考えて取り組むことも有効です。

　スタンディングで行うプレス系の種目であるダンベルプレスやバックプレスのポイントは、床反力を意識しながら太ももと体幹の力が抜けないようにして、負荷を鉛直方向にまっすぐ上げることです。動作中、バーの芯が重心線から外れた軌道で行うと、アウターマッスルとインナーマッスルの協調関係が崩れ、肩甲骨や肩関節の動きが不自然になってしまうので、気をつけなければいけません。

(1)　スタンディングとシーテッドの違い

　プレス系の種目をスタンディングで行うのは、体幹を固定することで上半身と下半身のバランスが取れるからです。体全体をまっすぐ鉛直方向に保って行います。また、高重量を使って追い込む場合は脚力を利用し、反動を使ってバーを押し上げます。いわゆるチーティングスタイルです。バーベルを肩に下ろ

スタンディング　　　　　　　　　　シーテッド

すときには等速でこらえます。フォーストレプス（5.4 節 2）参照）の応用です。この方法は全身を使って行うスポーツでの動きにもつながっています。

　シーテッドプレスでは、下半身と上半身をつなぐ動きの連鎖ができません。その代わり、下半身の反動を使うことなく、三角筋に意識を集中することでうまく刺激を伝えることがきます。

　基本的な方法として反動を使わないスタンディング・バックプレスを行い、応用した方法としてシーテッドプレスや脚を使ったチーティングスタイルでのスタンディング・バックプレスを行うとよいでしょう。

(2)　手幅について

　バックプレスのバーの手幅は肩幅の 1.6 倍です。このようにすると、耳の後ろあたりでバーに対して前腕が垂直になります。このとき肩が支点となって主に三角筋が使われています。肘は曲がっていますが、肘（支点）の真上にバーを握った手首があり、そこが作用点です。ということは、真上から見て肘から手首までの垂直距離（モーメントアーム）が 0 となり、腕にかかる回転力（トルク）も 0 です。

　バーが頭上 10 cm あたりでもまだ、肘から手までのモーメントアームがほとんど 0 です。一方、肩から肘までのモーメントアームが 30 cm ほどあり、肩によく効いていることがわかります。耳の後ろから後頭部の一番上あたりまでがバックプレスでのスティッキングポイントです。ここをうまく通過するこ

バーは耳の後ろで、バーと前腕は垂直になる

バーが頭上 10 cm あたりでも、バーと前腕は垂直になっている

スタート時の前腕の傾斜

肘がほぼ伸びた時点での前腕の傾斜

とで、より大きな効果を引き出すことができます。10 RM で行う場合には、上げるときに素早く押し上げ、下ろすときには等速でこらえながら下ろします。

　バーがスタートから耳の後ろまでは、前腕が外側へ傾いています。このときには三角筋を主働筋として使いながらも腕（上腕三頭筋）も使って力を出しています。頭上 10 cm 以上押し上げてフィニッシュまでの動きも同様です。

1.4　バックプレスができないときの肩の種目選び

　上記のように、肩はその関節の特性からケガや故障を起こしやすいという弱点があり、正しいフォームで行うことの重要性自体は理解できるでしょう。しかし、実践者自身の筋力や柔軟性、構造上に問題があったときにはどうすればよいでしょうか。

　たとえば、スタンディング・バックプレスを初めて取り組むときに、

　　①シャフト（10 ～ 20 kg）が重過ぎて、動かすことができない

　　②肩関節が硬くて、バーベルをうまく担ぐことができない

　　③動かしたときに、肩に違和感がある

といったような場合です。このようなときには、別の種目を行いましょう。

(1)　マシンでのショルダープレス

　たとえば、ダンベルやショルダープレスマシンを使ったものです。場合によっては、座って行うこともあります。ショルダープレスマシンは、肩に集中して効かせるためか、座って行うものがほとんどです。このようなマシンでは軌道が決まっていて、インナーマッスルを使って肩を安定させる必要がなく、主にアウターマッスルが使われます。

(2)　スタンディング・ダンベルプレス

　ダンベルはバーベルに比べて動きの自由度があり、上記の①～③まで対応できます。②③の場合は肩のストレッチを行い、十分に改善できた時点で、スタンディング・バックプレスに移行します。

スタート　　　　　　　　　フィニッシュ

マシンでのショルダープレス

スタート　　　　　　　　　フィニッシュ

スタンディング・ダンベルプレス

2.　スタンディング・バックプレスの実施

2.1　構え

（1）　手幅は肩から拳 1 つほど外側（肩幅の 1.6 倍）に取る

　基本の手幅はバーベル・ベンチプレスの手幅（肩幅の 1.6 倍）と同じです。
70％ほどが肩、30％ほどが腕を使っているフォームです。肩にバーを担いだと

手幅は肩幅の 1.6 倍：基本

狭い　　　　　　　　　　　広い

きに、バーと前腕が直角になる場合は狭過ぎます。手幅が狭くなると腕（上腕三頭筋）に効きます。また、肘を曲げる角度が 90 度以上は明らかに広過ぎます。手幅を広くするほどに、肩関節（支点）から手までの距離（モーメントアーム）が長くなり、トルクも大きくなって三角筋に効きますが、可動域が小さくなり、手首に過度の負担がかかります。

(2)　バーは僧帽筋が一番分厚いところで担ぎ、肘を後ろに張り、バーベルを安定させる

　バーは順手のオーバーグリップでしっかりと握り、基本的にはバーベルスクワットと同じように、肩（僧帽筋）の一番分厚いところで担ぎます。バーを僧

僧帽筋の一番分厚いところで担ぐ

肘を後ろに張る

基本：肘を後ろに張った状態

バーが肩から離れる瞬間

帽筋の上部に担ぎ過ぎると、頚椎に負担がかかり痛くなる場合があります。ま
た、下げ過ぎると、肩関節や肩甲骨周り、肘関節に無理な負担がかかってきま
す。日頃からストレッチを行い、肩関節や肩甲骨周りの柔軟性を高めるために、
バックプレスに必要な余裕のある可動域を養っておくことも重要です。

　担ぎ方をどのように工夫しても痛みが出て違和感がある場合には、ダンベル
プレスなど、迷わず他の種目に変更してください。そして、バックプレスがで
きるようになる努力を続け、機会を待ちます。

　足の位置が決まったら肘を後ろに張って、肩に担いだバーベルを安定させま
す。動きがスタートしバーが肩から離れる瞬間には、バーの真下に手首・肘が
きています。その流れをスムーズに行うためには、バーベルを肩に担いでいる
ときに、肘を後ろに張って安定させます。

(3) 足幅はつま先で肩幅にし、つま先は少し外側にする

　足幅は肩のトレーニングに関係がないと思われがちですがとても重要です。
スタンディング・バックプレスはスクワットと同じ足幅で行う方法もあります
が、しゃがまないので、基本としてはつま先で肩幅に取ることで、頭上に上げ
たバーベルをより安定して支えることができます。

(4) 足裏全体でバランスを取り、前を見る

　足幅とつま先の方向が決まったら、足裏全体でバランスを取って前を見ます。
そのときには、土踏まずの中心の鉛直方向（重心線上）にバーの芯があります。

【ポイント】
・足裏でバランスを取る
　重心線が足裏の土踏まずの中心と交わっていることをしっかりと意識し、裏
全体でバランスを取ります。

【注意点】
・上体を反り過ぎない
　腰が前に入ってしまい、上体を反ると腰への無理な負担が増し腰痛になる場
合があります。十分な注意が必要です。

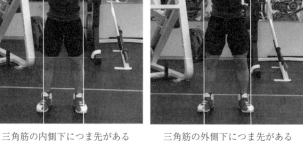

三角筋の内側下につま先がある　　　　三角筋の外側下につま先がある

基本：つま先で肩幅

スクワットの基本：踵で肩幅　　　　　踵で肩幅より広い足幅

2.2　動き

（1）　肘を伸ばしながら、バーを頭上に押し上げる

　バーが肩（僧帽筋）から離れた瞬間に、バーの真下に手首、肘がきます。そして、動作中バー・手首・肘のラインは一直線で重心線上です。動きを真横から見ると鉛直方向になっています。

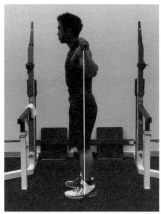

3方向から見た構えの完成時

(2)　肘を伸ばして、バーを支える

　一番上で肘を伸ばして、しっかりとバーを支えます。伸ばし過ぎて力が抜けないよう、また肘関節に負担がかかり過ぎて痛みが出ないように注意します。ベンチプレスと同じ要領です。真横から見たとき、体幹が固定されて体全体が真っすぐになり、バーベルの芯から鉛直方向に下ろした重心線が足裏の土踏まずの中心にあります。

(3)　バランスを取りながら下げる

　体全体をまっすぐにして鉛直方向に保ち、肘頭でリードしながら肘を曲げ、

バーを肩に付くまで下ろします。下ろすときには、上げるときと同様にバーの真下に手首・肘を鉛直方向に保ち続けます。このときの要領も、ベンチプレスの下ろしと同じです。

　正確な軌道を保って下ろすことは、上げるときの爆発力（出力）に大きく関わります。いろいろな経験を通じて、自分にとってやりやすい方法を見つけましょう。

　バーを下ろす位置は基本的に僧帽筋の一番分厚いところです。連続して行う場合には、耳の後ろくらいまで下ろすことがあります。これはベンチプレスで、バーが胸に付く前に上げるパーシャルレンジと同じです。このように（パーシャルレンジで）行う理由は、肩に無理な負担をかけないためです。問題がない場合には、バーが肩に付くまで下ろす最大可動域の方がより効果的ですが、実際にバーが肩に付くまで行ってみて、スムーズな動きがうまくできない場合にはパーシャルで行いましょう。

　また、肩に下ろそうとして頸椎に当たる場合があります。くれぐれも頸椎を痛めることがないよう、耳の後ろあたりから肩までの間はより慎重に、ゆっくりとコントロールしながら下ろします。

　中・上級者になって、高重量に挑戦して記録を伸ばしていくときにも、あえてパーシャルレンジを取り入れる場合があります。パーシャルの場合、バーが常に肩から離れていて不安定な状態なので、その分、直接三角筋に大きな負担

スタート　　　　　バーが肩から離れる瞬間　　バーが後頭部　　　　バーが頭上

斜め前　　　　　　正面　　　　　　真横　　　　　　後面
4方向から見たフィニッシュ

基本　　　　　　　　　耳の後ろあたりまで下ろした場合
バーを下ろす位置

バーが頸椎に当たっているケース

がかかってきます。高重量で行うときには十分注意して行う必要があります。日頃からスクワットやベンチプレス、ベントオーバーロウやデッドリフトで鍛えた強い体幹も必要です。強い体幹があれば、より安定した正確なフォームを

維持できるのです。

（4）　膝の使い方

　ときには「膝の使い方」を意識することも、重要になります。初級者は、肩（主に三角筋）に効かせることや効いている感覚をつかむために、あえて膝を使っては行わないようにします。ただ、効かせ方を覚えた後は全身に目を向けて、完成度の高いフォームを意識して「太ももと体幹に力が入る膝の使い方」を意識した方がよいでしょう。

　慣れてきたら、前を見て構えが完成したときに、足裏全体に意識をもっていき、腰を落として膝をほんの少しだけ曲げるようにしてみてください。すると、足裏の土踏まずの中心から鉛直方向に引いた重心線上にバーがあることを、指導者の客観的な目だけでなく、実践者本人が感覚として確認できます。

　膝を完全に伸ばしきった状態を「ロック」といいます。この状態では太ももの力が入っていなくても、自分の体や重量を支えることができます。スタンディング・バックプレスでは、その「ロック」を解いて、膝を少し曲げて太ももに力を入れてから、バーを頭上に押し上げるようにします。

　このような膝の使い方を十分に練習して、安全を確認しながら肩に刺激を伝えます。さらにその先に、床反力を最大に利用した、「反動を利用し、全身を使って爆発的に跳ね上げるようにして押し上げる」という動きがあります。こ

膝をロックした状態　　　　　膝を少し曲げた状態　　　　　膝を曲げる限界

ロック　　　　　　　　　少しの曲げ　　　　　　　　つま先の真上

フィニッシュでの膝の使い方の比較

のような動きは大きなリスクを伴います。したがって、慣れないうちは、このような方法を使わないのも賢明な選択です。行う場合には、特に「安全第一・効果第二」を念頭においてください。

　膝の使い方のポイントは曲げ具合で、参考になるのはウエイトリフティングのジャークです。腰を少し落として、床反力を最大に利用した膝を曲げる感覚を身に付けます。限界の目安は、つま先の真上に膝がきた状態です。膝がそれ以上前に出ると大腿四頭筋に効いてしまい、意識がそちらに逃げてしまいます。脚力が強い人は、膝の曲げを大きくすることができます。膝をロックして押し上げたときには、それほど床反力を感じることがありません。しかし、膝を少し曲げることで床面から跳ね返ってくる力を感じることができます。そのとき、体幹も真っすぐになって力が入っていることがわかります。

　つま先の真上に膝がきている場合のフィニッシュでは、膝を少し曲げた状態と同じように、床反力を感じ体幹に力が入った感覚がありますが、同時に大腿四頭筋にも力が入り、肩への意識が減少してしまうことがあります。したがって、スポーツ選手や中・上級者に推奨するのは、膝を少し曲げたフィニッシュです。しっかりと地面を捉えて、なおかつ重心線上にバーの芯があり、体幹にも力が入った体の軸づくりも兼ねています。下半身と上半身、すべての筋肉に力が入った状態で、重心線が最も安定しています。

【呼吸】

　初級者用の呼吸は、押し上げるときに吐き、下ろすときに吸います。1回目のスタート時には、肩にバーを担いでいるときに吸い、肘を伸ばしながら、頭上に押し上げるときに吐きます。押し上げきってから、下ろすときに吸います。これもベンチプレスと同様です。初級者の場合は3秒かけて、ゆっくりと同じ速さで、こらえながら下ろします。バーを肩に付けるまで、胸呼吸で吸い続けます。そしてバーが肩から離れて、押し上げていくときには吐き続けながら肘を伸ばします。1セットを10レップス（回）で行う場合、呼吸を意識しながら続けることで、肩に効く感覚を高めることができます。

　重量に挑戦する中・上級者用の呼吸では、ベンチプレスやスクワットと同じように、上げ下ろしでは、呼吸を止めて行います。1秒で素早く押し上げ、2秒かけて等速で下ろすような速さでは、

1) 頭上に押し上げたときに行う
2) 肩（僧帽筋）にバーを担いだときに行う

という2つの呼吸法があります。

　初級者用をしっかりと覚えた後は、1)のような方法が一般的な呼吸法だと思います。こちらもベンチプレスと同じです。2)は、肩に担いだときに、1回1回少し間を取って呼吸をする方法です。また、1)の方法で、息が苦しくなったときには、肩に担いだ状態で少し休み、そこで何回か呼吸をしてから、息を整えて押し上げる方法もあります。

【速さ】

　基本のフォームを覚え、刺激をしっかりと目的の筋肉に伝えるために、初級者は重量には余裕を持って上下各3秒を目安で動かします。肩（三角筋）に意識を集中します。できるだけ大きな動きをすることで、肩にうまく刺激を伝え、効かせることができます。

　基本のフォームを覚えて、肩（三角筋）に意識ができるようになると中・上級者といえ、10 RMの記録を伸ばすために重量に挑戦していきます。このときには素早く1秒で押し上げ、2秒かけて等速で下ろします。バーが肩から離れる瞬間に、爆発的に頭上に押し上げます。これを連続した動きとして行います。上級者で熟練したレベルになると、反動（チーティング）を使ってバーベルを跳ね上げるようにして、押し上げることがありますが、そのような場合には、上記のようにウエイトリフティングのジャークに限りなく近づきます。戻すときにはできるだけこらえて下ろします。ちょうどフォーストレプス法を行う要

領です。チーティングを使う場合でも、バーの芯から鉛直方向に引いた重心線が足裏の土踏まずの中心にあって、最も安定した状態からスタートします。

バーを押し上げるときには、膝をつま先の真上にくるくらいに曲げ、床反力を使って思い切って地面を蹴り返します。その直後に、太ももの伸展力を利用して爆発的に押し上げます。下ろすときには最大の力を発揮して、等速でこらえながら下ろします。それでもバーが頭上から落ちてくるような感じになってしまう場合があります。そういったときには、瞬間的に膝を少し曲げて、全身をゴムのような感じにして受け止めるようにします。イメージとしては生卵を、柔らかくて厚いスポンジの上に落とすような感じか、トランポリンのような感じです。チーティングでのバックプレスは、軽めの重量で十分に練習を積んだうえで、ケガや故障につながらないよう慎重に行います。

10 RMで行う場合、最後の3回（8・9・10）をこのような反動を使って行います。過剰になると肩や腰、頚椎を痛める原因にもなり、こらえながら等速で下ろせることを確認して、安全にできる範囲で行います。

スタート　　　　　膝の曲げ　　　　肩からバーを浮かして上げる　　　フィニッシュ

チーティングの膝の使い方とバーの動き

【ポイント】

動作中に体幹から力が抜けたり、反り過ぎたりしないように固定します。そうすることでバックプレスの目的である三角筋にしっかりと刺激を伝え、効かせることができます。

体幹を固定したスタート　　体幹の力が抜けたスタート

【注意点】

・手首・肘はバーの真下から外れない

　動作中、手首・肘がバーの真下に保たれていれば、関節（肩・肘・手首）を痛めることなく、確実に効果を上げることができます。したがって、手首・肘はバーの真下から外れないように十分注意しながら行います。

・前後左右のバランスに気をつける

　前後のバランスが崩れて反り腰になると、腰痛になる場合があります。また、左右のバランスが崩れると肩のインナーマッスルを痛めてしまう場合があります。前後左右のバランスが崩れないよう十分な注意が必要です。

手首の基本　　　　　　　　手首を寝せ過ぎ　　　　　　手首を立て過ぎ

手首を寝せ、肘が前に出ている　　バーが肘より前に出ている

前後のバランスの崩れ：反り腰　　左右のバランスの崩れ：バーの傾き

バーベルカール

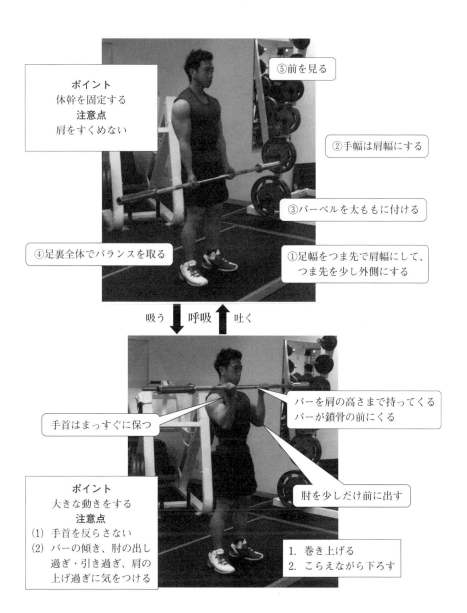

⑤前を見る

ポイント
体幹を固定する
注意点
肩をすくめない

②手幅は肩幅にする

③バーベルを太ももに付ける

④足裏全体でバランスを取る

①足幅をつま先で肩幅にして、つま先を少し外側にする

吸う　呼吸　吐く

バーを肩の高さまで持ってくる
バーが鎖骨の前にくる

手首はまっすぐに保つ

ポイント
大きな動きをする
注意点
(1) 手首を反らさない
(2) バーの傾き、肘の出し
過ぎ・引き過ぎ、肩の
上げ過ぎに気をつける

肘を少しだけ前に出す

1. 巻き上げる
2. こらえながら下ろす

1. 理 論

　　　スタート　　　　　　　　フィニッシュ

1.1 腕の運動の意味

　力の源は足腰です。そして体幹にある胸や背中の筋肉と合わせて、足腰は筋肉づくりの効果を引き出す源でもあります。しかし、モノを引き上げたり、持ち上げたりするのは腕です。したがって、筋トレではダンベルやバーベルを動かす腕の役割は非常に大切です。腕の筋肉が弱過ぎれば、太ももや大胸筋、広背筋といった大筋群を十分に鍛えることができません。この意味で、腕の筋肉は筋肥大・筋力増強にはなくてはならない筋肉といえます。

　しかし腕も肩と同じように、直接的に筋肉増強に主として関わる筋肉ではありません。前腕を大きくし過ぎると物理的に慣性モーメント（その物体の回しにくさ）が大きくなり、ボディビル競技以外、特にスポーツ選手の場合には不利になることもありますので、気をつけましょう。

1.2 上腕二頭筋と上腕三頭筋の解剖学的視点

　二の腕にある「力こぶ」と呼ばれる上腕二頭筋には2つの種類（長頭・短頭）があり、その裏側の上腕三頭筋は3つの種類（内側頭・外側頭・長頭）があります。それらの構造と働きは以下の通りです。

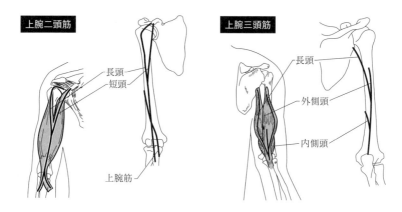

【構造】

　　①上腕二頭筋：肩と肘の2つの関節をまたいでいる二関節筋

　　②上腕三頭筋：長頭が肩甲骨と前腕の骨を結ぶ二関節筋、外側頭と内側頭
　　　　は単関節筋

【働き】

　　①上腕二頭筋：主に肘の屈曲。二関節筋で、肩を前方へ上げながら肘を曲
　　　　げることができる

　　②上腕三頭筋：上腕二頭筋とは逆に、主に肘の伸展。部分的に二関節筋で、
　　　　肩を後方へ動かしながら肘を伸ばすことができる

　（上腕）二頭筋と（上腕）三頭筋は、太もも（ハムストリングスと大腿四頭筋）
と同じ拮抗筋ですが、筋線維の形態も太ももと同じような関係になっています。

　　①上腕二頭筋：力はあまりないけれど、スピードを出す「平行筋（紡錘状
　　　　筋）」

　　②上腕三頭筋：肘を素早く伸ばすというより、重力に逆らって大きな力を
　　　　出して肘を伸ばし、体重や負荷を支える「羽状筋」

　バーベルカールでは、その70％ほどの力は二頭筋が担当し、残りの30％は
上腕筋や腕橈骨筋、前腕の筋肉などでまかなっています。実質的な力発揮は主
に二頭筋です。

　二関節筋である上腕二頭筋は腕を前方へ上げながら肘を曲げることができま
す。背骨をまっすぐにして直立し、肘を伸ばした状態で肩を後ろに持っていき

肩・肘の伸展と前腕の　　肩の屈曲・肘の伸　　　肩の屈曲・肘の伸展・前腕の回外
回内：最も伸びた状態　　展・前腕の回外　　　　からの肘の屈曲：最も縮んだ状態

（肩の伸展）、さらに腕を回内（内側へひねる）しながら、手のひらをひっくり返した状態で、最も筋肉が伸びます。今度は肩を前に持ってきて（肩の屈曲）、腕を回外（外側へひねる）しながら手のひらを外側へ向けます。そこから肘を曲げきると（肘の屈曲）、最も筋肉が縮んだ状態になります。肘を前に出し過ぎると、主に三角筋前部や大胸筋上部を使います。上腕二頭筋が緩んだ状態にならないように意識することも大切です。

　上腕二頭筋は、強い力はあまり出ないけれど、スピードを出せる「平行筋（紡錘状筋）」という形態をしています。そこで、上げるときには大きな動きでスピードを意識し、下ろすときにはこらえるようにすれば効果的です。

1.3　上腕二頭筋と上腕三頭筋のバランス

　ボールを投げる場合、足腰の生み出した大きなエネルギーを末端で発揮するためには、その末端部分の腕の役割が重要です。下半身がつくったエネルギーをいかにロスすることなく指先まで伝えられるか、それによって動きの質や効率が左右されます。

　動きでいえば、二頭筋は「引き」の動作に関わります。ボートのロウイングや柔道での引き付けなどでは非常に大切です。引き動作の中では広背筋がメイ

ンにはなりますが、いくら広背筋が強くても腕が弱いと全体的な力が弱くなっ
てしまいます。

　三頭筋は大胸筋の補助として「押し」の動作です。スポーツ競技で注目され
る投動作において、やり投げや野球の投球でも肘の伸展を伴い、三頭筋の動き
が重要です。実際は、やり投げのパフォーマンスと三頭筋の筋力について研究
されたデータがあり、明らかな相関関係にあります。三頭筋の強い人はやり投
げの距離も出るということです。投動作での根本的なパワーは下半身が生み出
しますが、肘を伸ばす筋力も強くないと結果に結びつかないのです。

　傷害予防の視点では、三頭筋だけをトレーニングすると筋力のアンバランス
が起こり、投げたときに肘の伸展が止まらず、伸び過ぎることで関節に負担が
かかってしまいます。伸展動作にブレーキをかけるためには、拮抗筋である二
頭筋を鍛えておく必要もあります。興味深いのは二頭筋の強さとやり投げの飛
距離にも、三頭筋ほどではありませんが相関があります。また三頭筋が強い選
手は二頭筋も強い傾向にあります。2つの筋肉はバランスが取れていないと、
いいパフォーマンスにはつながらないともいえます。逆に、二頭筋ばかり鍛え
ることも、傷害に結びつく可能性が高くなるので、三頭筋のトレーニングもし
っかりと行うようにしましょう。

　余談になりますが、投動作においては、大胸筋と広背筋も同じことがいえま
す。大胸筋はアクセルで、広背筋がブレーキの役割をしています。広背筋が弱
い人は、間にある肩に過剰な負担をかけてしまう恐れがあり、しっかりとブレ
ーキがかけられるように普段からトレーニングすることが必要です。また、複
合（多）関節の運動であるベンチプレスや腕立て伏せなどの胸の運動、ラット
マシンプルダウンやベントロウなどの背中の運動などにおいても、スポーツパ
フォーマンス向上のためには、腕の動きを考え、意識することが重要です。

1.4　上腕二頭筋（腕）の基本種目

　腕の筋肉である上腕二頭筋の基本的な種目はバーベルまたはダンベルを使っ
たカールです。肘は蝶番関節で、ねじれが生じないようにくれぐれも注意が必
要です。動作でのポイントは、なるべく大きな可動域で力発揮を行うことです。

ダンベルカール

1.5　肘の関節角度と力発揮

　肘を曲げる力の変化を調べると、関節角度が100 ～ 110度が最も強くなるという研究結果があります。それ以上角度が小さくなっても大きくなっても、力は弱くなっていきます。カールの負荷は肘関節が90度になったところで一番大きくなりますから、ギリギリの負荷を持ち上げるときは90度のところで止まってしまいます。そこで、上半身を後ろへ傾けると反動がつくだけでなく、肘の関節角度も少し大きく100度ぐらいになります。それでまた力が強くなり、重りが上がり始めるということが起こります。

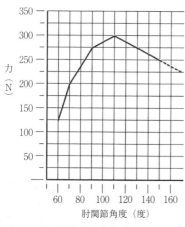

図3.2　肘関節角度の変化（石井、2009）

　カールを行う際に、「肘を脇に付けて動かさないように」と教えられる場合があります。しかし、以上のことが理解できれば、負荷を上げるに従って肘を少し前に出したほうがよいということがわかります。そうすることで、バランスよく、関節角度が100 ～ 110度の最も強く力を発揮できるポイントをうまく利用することができます。その結果、重いものを上げることができ、筋肉の特性に応じた負荷がかかります。上腕二頭筋が二関節筋であることから考えても、肘を脇に固定

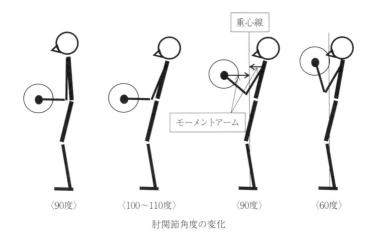

〈90度〉　〈100〜110度〉　〈90度〉　〈60度〉

肘関節角度の変化

EZ バーを用いたカール

して行うのは、実は不自然なカールなのです。肘をやや動かしながら行ったほうがトレーニングの質も高くなり、筋肥大筋力増強につながると考えられます。

　右から2つ目のイラストでは、重心線からバーの芯までと肩までに、モーメントアームがあります。それは肩と肘が支点となってトルク（回転力）が生まれ、肘と肩を跨ぐ二関節筋である上腕二頭筋が使われている証拠です。肘の動く幅は、高重量になればなるほど、どうしても感覚の世界に入っていきます。そのようなときには上腕二頭筋に集中的に意識を持っていき、「力発揮が最大になっているか？」「本当に効いているか？」、これらを自分自身に問いかけながら行うとよいでしょう。

　カールではストレートバーかEZ（イージー）バーを使います。EZバーはストレートバーに比べ、手首への負担が少ないです。それでも、手首が内側や外側へ曲がらないように固定します。前腕後部と手の甲側が一直線になるようにしてバーを握ります。

2. バーベルカールの実施

2.1 構え

(1) 足幅をつま先で肩幅にし、つま先を少し外側にする

　バーベルカールの足幅は「つま先で肩幅」にします。これは安定感があるこ

とと床反力を利用しやすくするためでもあります。現場では、踵で肩幅以上に開いて行う傾向が見受けられます。

　カールは肘を支点として円運動を行うために、左右のバランスより前後のバランスに対応することを頭に入れておく必要があります。こうすることで、将来はパワーアップのための、チーティング（反動）を利用したバリスティックトレーニングにも適応することができます。

　つま先は、左右平行でもそれほど影響はないと思いますが、正確には少し外側が自然です。最初のうちは「ほんの少し外側」にする感覚を大切にして、軽めの重量を使って安定した状態を保ちながら安全に行います。そして、10 RMに挑戦して記録を伸ばす過程では、よりバランス感覚を大切にして、足幅とつま先の向きを決めていきます。

(2)　手幅は肩幅にして、逆手（さかて：リバースグリップ）で握る

　手幅は肩幅にします。正面から見て、肩・肘・手首・バーのラインは一直線になって鉛直方向です。このようにすると両腕は平行になっています。その状態でバーを逆手で握ります。これは、肘が蝶番関節になっていることに関係しています。肘にねじれが生じ、ケガや故障を起こさないようにするためにはこの手幅が重要です。

　現場では、バーを肩幅より広く持って行っている人や肘を体側に密着させている人、または肩幅より狭く持って、太もも前面に手の甲を付けている人など

広い足幅　　　　　　　　　広い手幅　　　　　　　　　狭い手幅

握り方：基本　　　　　　　手首：外側へ反り過ぎ　　　　手首：内側へ曲がり過ぎ

が見かけられます。このような状態では、肘関節と手首にムリな負担がかかります。したがって手首と肘は自然に、重力に任せるようにして、肩とバーを結んだ垂線上にします。

　バーの握り方は、前腕に力を入れ、前腕の後部側と手の甲側を一直線にします。これは動きに入ってから手首が外側に反ってしまったり、反り過ぎたりして痛めることがないようにするため、なおかつ上腕二頭筋に効かせるためです。

(3)　バーベルを太ももに付けてセットする

　バーベルをしっかりと握った状態で直立し、太ももに付けてセットします。

(4)　足裏全体でバランスを取り、前を見る

　足裏全体をしっかりと床に付けて、地に根が生えているようなイメージで、バランスを取るようにします。そして、自然に前を見ます。

【ポイント】
・体幹を固定する
　体幹を真っすぐにして固定することで、上腕二頭筋をうまく使って効かせる動きにつなげることができます。

【注意点】

• 肩をすくめない

　僧帽筋に力が入りすくめてしまうと、スムーズな動きができなくなります。構えのときから肩の位置には気をつけましょう。

肩をすくめた状態

2.2　動き

(1)　肘を曲げて、少しだけ前に出しながらバーベルを上げる

　体幹をまっすぐに保ったままで、肘を少し前に出すようにして、バーベルを巻き上げます。

　そのとき、手首を真っ直ぐに保ち、内側・外側へ曲がらないように固定します。こうすることで、手首を守り、かつ強化しながら、安全に行うことができます。横から見て前腕後部側と手首は一直線になっています。

手首の固定

| スタート | 1/3 | 2/3 | フィニッシュ |

バーベルを巻き上げる4つのパターン

| スタート | 1/3 | 2/3 | フィニッシュ |

バーベルを巻き上げる4つのパターン（つづき）

（2）　バーを肩の高さまで持ってくる

　両手で握ったバーベルを、肘を少しだけ前に出した状態で曲げきり、肩の高さ（鎖骨の前方）まで持ってきます。このとき、バーベルの真下に肘がくると上腕二頭筋の力が抜けても肩（三角筋前部）で支えることができます。正確な肘の位置は、バー（握っている手）と三角筋（肩）を結んだ線の真下になり、こうすると、力を入れっぱなしにすることができます。

バーの真下に肘がきている　　　フィニッシュでの肘の位置　　　バーが鼻の下にきている

　現場では、バーを巻き上げたときに、バーが鼻の位置、またはそれより上にきているのを見かけることがあります。これは主に肩の三角筋前部や僧帽筋を使っています。上腕二頭筋は補助的に使われています。

　「バーを肩の高さまで持ってくる」ということの確認は、簡単にできます。直立した正しい姿勢で、重心を足裏の土踏まずに取ります。その垂線上に骨盤と頭を置いて、肩の力を抜いて「気をつけ」をします。その状態から、バーを握るイメージで手をグーにして、肘を少しだけ前に出した状態で曲げきると、拳を肩の高さに持ってくることができます。

(3)　下げる

　基本的には体全体と鉛直方向に保ち、体幹に力を入れまっすぐに保ったままで、ゆっくりとこらえながらバランスを取ってバーを戻していきます。

　高重量では、巻き上げるときや下げるときに、体幹を後ろに反らすようにしてバランスを取ります。重くなればなるほど、反らす角度も大きくなり、その調整が必要です。

体幹を後ろへ反らす

(4)　反動を利用した巻き上げ

　上級者では、下ろすときにこらえきれないほどの重量を使うことがあります。そのような場合はウエイトリフティングで行うハイクリーンと同じような動き

で行います。膝を少し曲げてから、太ももの伸展力を最大限に利用して、最大の床反力を使って、思い切って地面を蹴り返し、バーを太もも前面からはじくようにして爆発的に巻き上げます。同時に、体幹も最大限に利用します。特に背筋は、日頃からスクワットやデッドリフト、ベントロウなどで、意識的に強化しておくことが重要です。

　感覚的には一瞬で巻き上げています。下ろすときにはバーが落ちるような感じになることがあります。そのときには、瞬間的に膝を少し曲げて、全身をゴムのように使って受け止めます。こうした場合には、タイミングやバランスの崩れが、ケガや故障につながるリスクを抱えることになるので、くれぐれも慎重に行います。

(5)　膝の使い方

　「膝の使い方」を意識することが重要になることがあります。

　初級者の場合は基本的に膝をロックした状態にして、正しいフォームで効かせ方を覚えます。慣れてきたら膝のロックを解いて、太ももに力を入れてから、太もも前面に付いているバーを巻き上げます。このような膝の使い方を十分に練習して、安全を確認しながら効果を出し続けます。その先に、床反力を最大に利用し全身を使って爆発的に巻き上げ、下ろすという動きがあります。

膝をロックしたときのスタート　　　体全体が鉛直になった　　腕が鉛直で体幹が前傾
　　　　　　　　　　　　　　　　　場合：軽重量　　　　　　した場合：高重量

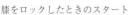
膝を曲げた状態でのスタート

上体の反り過ぎ

　気をつけなければならないのは、高重量に挑戦するという意識が強過ぎ、反動を使い過ぎてバランスを崩してしまうことです。

(6)　体幹の使い方①

　重量が軽くて肘を支点として使うときには、体幹の動きを意識することなく、上腕二頭筋に効かせることができます。

体幹が重心線上にある

　反動を使わないストリクトスタイルでの 10 RM では、胸を張って胸郭を開き、体幹をまっすぐ固定して鉛直方向に保つことを意識すると、効き方が更によくなります。体全体を見た場合の姿勢は、足裏の土踏まずにある中心の上に、骨盤があり、その上に頭が乗っている状態を保ちます。真横から見ると、足裏の土踏まずの中心から鉛直方向にある重心線上に体幹の中央があります。また、重心線上に骨盤・頭があります。

(7)　体幹の使い方②

　反動を使わず 10 RM で行っていると、それほど効果を引き出すことができなくなってくることがあります。そのような場合には、巻き上げるときに反動を利用し、下ろすときにしっかりとこらえながら戻します。いわゆるチーティングスタイルでのバーベルカールです。これをクイック＆スロー法といいます。

　中・上級者がこれを積極的に利用すると、さらなる効果を引き出すことができます。このようなときに大切になるのが体幹を前後に動かす使い方です。

　スタート時に、まず足裏の土踏まずにある中心を意識して、その鉛直方向（重心線上）にバーの芯があるのを確認します。体幹をまっすぐにしたまま前傾し、そこから体幹を素早く後傾しながら、太ももからバーを跳ね上げるよう

反動を使ったスタートとフィニッシュ

にして巻き上げます。また、膝の使い方と連動することで、さらに床反力を使って高重量でのカールを行うことができます。

　重たくなればなるほど体幹が前後に動きます。体幹の背筋（脊柱起立筋や広背筋、肩甲骨周り）をメインとして使いながらも、骨盤周りや胸、腹筋などの筋肉も総動員した動きです。体幹の前後の動きを使えるようにするには、日頃からスクワットやデッドリフト、ベントロウといった種目で脚や背筋、ベンチプレスや腹筋運動などで体幹の前面を鍛えておくことも重要です。

【呼吸】

　初級者用の呼吸では、基本的には巻き上げるときに吸い、下げるときに吐きます。これは胸郭を開いて体幹をまっすぐに固定した動きを意識します。

　正確なフォームができ、10 RM に挑戦するような中・上級者用の呼吸には、以下のような2つの方法があります。

　1）巻き上げながら吐いて、下ろしながら吸い込む
　2）スタート時の位置で、バーが太もも前面に付いているときに行い、動きでは止める

　初級者用をしっかりと覚えた後は、1）のような方法が一般的な呼吸法でしょう。これは力発揮を重視しています。2）は、経験を積んで更に重量に挑戦するようになったときの、ベンチプレスやスクワットと同じような、呼吸を止めて行う方法です。スタートポジション時に呼吸するために、1回1回少し間を取ります。

　反動を付けて行うチーティングやバリスティックトレーニングの場合、連続した動きでは1)の方法で素早く行う、または2)の方法で間を取りながら行う場合があります。

【速さ】

　初級者は基本のフォームを覚え、刺激をしっかりと目的の筋肉に伝えるために、上下各3秒かけて、滑らかな等速運動を行います。特に下ろす動きでの意識が大切です。フォームが固まり、10 RM を行うようになれば、1秒で素早く巻き上げ、2秒かけて等速で下ろします。

　さらに追い込んでいくために反動を使って巻き上げるには、スタート時に膝を少し曲げて足裏の土踏まずにある中心に重心線を合わせ、床反力を使って地面を蹴り返します。バーが太もも前面から離れる瞬間に、爆発的に巻き上げます。そして、戻すときにはできる限りこらえて下ろします。

【ポイント】
• 大きな動きをする

【注意点】
• 手首を外側・内側に曲げ過ぎない
• 肘・肩の動きに気をつける

　　　　外側へ反り過ぎ　　　　　　　　　内側へ曲げ過ぎ

　　肘の出し過ぎ　　　　　　肘の引き過ぎ　　　　　　肩の上げ過ぎ

トライセプスプレス・ライイング

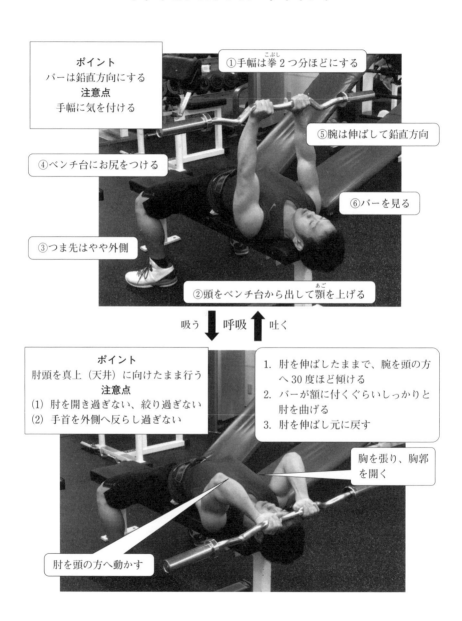

ポイント
バーは鉛直方向にする
注意点
手幅に気を付ける

①手幅は拳2つ分ほどにする

⑤腕は伸ばして鉛直方向

④ベンチ台にお尻をつける

⑥バーを見る

③つま先はやや外側

②頭をベンチ台から出して顎を上げる

吸う　呼吸　吐く

ポイント
肘頭を真上（天井）に向けたまま行う
注意点
(1) 肘を開き過ぎない、絞り過ぎない
(2) 手首を外側へ反らし過ぎない

1. 肘を伸ばしたままで、腕を頭の方へ30度ほど傾ける
2. バーが額に付くぐらいしっかりと肘を曲げる
3. 肘を伸ばし元に戻す

胸を張り、胸郭を開く

肘を頭の方へ動かす

1.　理　論

スタート　　　　　　　　　　　　　　　　ボトム

1.1　上腕三頭筋（腕）の基本種目

　三頭筋のトレーニングでは、長頭・内側頭・外側頭のバランスを考えた種目を選ぶ必要があります。長頭は肩甲骨と前腕の骨を結ぶ2関節筋なので、脇を閉めて行うラットマシンなどでのプッシュ（プレス）ダウンでは筋肉が緩んでいます。このような状態ではあまり長頭を使うことができません。

　したがって、長頭を伸ばして使うために、立った状態でのトライセプスプレスがよいのですが、肘に負担がかかり過ぎるという短所があります。

　そこで、安全面と効果面を考えて、基本的な種目として選んだのがバーベル

ケーブルプッシュダウン　　　　　　　スタンディング・トライセプスプレス
（主に内側頭・外側頭の種目）

を使ったトライセプスプレス・ライイングです。この種目では長頭を使いながらも、同時に内側頭・外側頭にも効かせることができます。

　上腕三頭筋は縮むことで、肘を伸ばしますが、素早くというより、重力に逆らって大きな力を出し、体重や負荷を支える羽状筋です。したがって肘を伸ばす動きでは力強く行い、肘を曲げて下ろすときには等速で2〜3秒ほどかけて行うと効果的です。

　二頭筋と三頭筋は、できれば同じくらいの量と質のトレーニングをします。構造的にはいくつかの種目を組み合わせるのが理想です。たとえば、トライセプスプレス・ライイングの後に、ケーブルプッシュダウンを行う方法があります。

　そして、三頭筋のトレーニングを行った後に、ベンチプレスへ移行すると、腕が疲れてしまって重量が上がらず、胸のトレーニングになりません。いくら腕を大事に考えていても、順番としてはあくまでも大きな筋肉から行うようにします。

1.2　肩と肘の使い方

　ベンチ台に横になって、鉛直方向に腕を真っすぐ伸ばします。この状態から肩を固定して肘の曲げ伸ばしをすると、上腕三頭筋は使われますが、肘関節に強い負担がかかってしまいます。このとき上腕三頭筋のうち、主に内側頭と外側頭が1関節筋として肘の曲げ伸ばしに関わっています。一方、真っすぐ伸ばした腕を頭の方へ傾けた状態で肘の曲げ伸ばしをすると、内側頭・外側頭に加

腕が鉛直方向　　　　　　　　　　　　腕が頭の方へ傾斜している

上腕（肩から肘まで）が鉛直方向で一直線　　　　上腕が頭の方へ傾斜している

えて、肩と肘を跨ぐ2関節筋としての長頭がより使われます。このような動きならば、肘関節に過度な負担をかけることなく、内側頭・外側頭・長頭の3つの部位をバランスよく使うことができます。

　上腕三頭筋の働きは主に肘の伸展です。そのなかの長頭は2関節筋なので、肩を回（肩の伸展）し、腕を後方へ動かして伸展しながら、肘を伸ばすこと（肘の伸展）ができます。

肩関節と肘関節の伸展の動き

1.3　力学的な視点

　まずバーベルを握った腕を鉛直方向にして、肘を伸ばした状態を保ったまま頭の方へ30度ほど傾けます。そのとき、胸郭を開いてプルオーバー（ダンベルプルオーバーの写真参照）をする要領で、胸を張り大胸筋と広背筋を使います。このようにすると、肩や肘の関節の負担を軽減してスムーズに行えます。この

腕が鉛直方向から30度傾斜している　　　　上腕が鉛直方向から40～45度傾斜している

動きで長頭が使われます。

　そこからゆっくりと肘を曲げて、バーが額に付くまで持っていきます。バーが額に付くときの最下点では、上腕が肩から鉛直方向に40～45度傾斜しています。この動きでは、肘を回転（屈曲）させながらも、肩関節も回し（屈曲）ながら、肘は更に頭の方へ動いていきます。このようにすることで、肘関節にかかる負担を軽減して、なおかつ上腕三頭筋に強い刺激をかけることができます。「安全と効果」というコンフリクト（対立・矛盾）の解決ができます。

　肩を支点とすると、バーベルを握る手が作用点、尺骨の肘頭が力点になっています。腕を伸ばしたままで、頭の方へ30度傾斜した状態では、肩から手までのモーメントアームaがあり、2関節筋である長頭にはトルク（回転力）が働いています。また、肘から手までのモーメントアームbもあり、1関節筋で

ダンベルプルオーバー

ある内側頭と外側頭も同時にトルクが働いています。その状態から肘を曲げてバーが額に付くまで持っていくと、長頭・内側頭・外側頭の3つが同時にバランスよく使われます。

　肘を曲げたときのモーメントアームcとdのバランスをどのようにするかは、肩や肘の関節に無理がないように確かめながら、上腕三頭筋に効くところを見つけます。上腕を鉛直方向に近い状態で曲げると肘への負担が増します。逆に上腕を頭の方へ傾斜し過ぎると、肘関節の可動域が小さくなり内側頭・外側頭への刺激が小さく、その分広背筋や大胸筋への負担が増し、プルオーバーに近い動きになってきます。

2. トライセプスプレス・ライイングの実施

2.1 構え

(1) 手幅は拳2つ分ほどにする

　手幅が狭過ぎると手首の負担が大きくなり、痛めてしまう場合があります。広過ぎると肘にかかる負担が増してきて、肘痛になる危険があります。ストレートのバーで、手幅を拳2つ分ほどにするのが、手首や肘・肩の関節のしくみを考えた良好な手幅です。もちろん、上腕三頭筋に効くというのが絶対条件です。このような基準を持って自分に合った手幅を見つけます。

　EZバーの場合はp.81の写真を参考にしてください。

基本　　　　　　　　　　狭い　　　　　　　　　　広い

(2)　頭をベンチ台から出して顎を上げ、つま先はやや外側へ向け、ベンチ台にお尻を付ける

　この種目では可動範囲を最大にして、より効果を引き出すために、頭をベンチ台から後頭部の付け根まで出して、顎を上げて寝る方法を紹介します。肩はベンチ台から出ないようにして、ベンチ台の上に固定します。足幅と足の位置は、（バーベル・ダンベル）ベンチプレスと同じです。そして、つま先をやや外側へ向けます。そのとき、つま先の真上に膝が来るようにするのが自然です。

頭をベンチ台から出した寝方　　　　　　後頭部をベンチ台に付けた寝方

(3)　腕を伸ばして鉛直方向に向け、バーを見る

　構えが完成したときには、バー・手首・肘・肩を結んだ線が一直線で鉛直方向です。その状態でバーを見て、バーが安定していることを確認します。

【ポイント】
・バーは鉛直方向にする

【注意点】
・手幅に気をつける

握り方の基本（横面）

手首の曲がり過ぎ

握り方の基本（前面）

手首の立て過ぎ

EZ バー

握り方の基本　　　　　　　　　　手首の立て過ぎ

ストレートバー

2.2 動き

(1) 肘を伸ばしたままで、腕を頭の方へ 30 度ほど傾ける

　肘を伸ばした状態で、腕を頭の方へ 30 度ほど傾けるときには、大きく息を吸い込んで、胸を張り胸郭を開くようにすると体幹に力が入り、よりスムーズに安定した状態で行うことができます。

スタート　　　　　　　　　　腕を 30 度ほど傾ける

(2) 肘頭を真上（天井）に向けたまま、バーが額に付くぐらいしっかりと肘を曲げる

　肘頭を真上（天井）に向けたまま、円弧を描くようにして肘を曲げます。このときには、肩関節を回（屈曲）しながら肘をもう少し頭の方へ動かすことで、

肘が直角に曲がったところ　　　　　　　　バーを額に付ける

肘の負担を軽減してより安全に肘を曲げることができます。

(3)　肘を伸ばし元に戻す

　上げる動きは肘を伸ばしながら、バーを元の位置に持っていきます。軌道は肘を曲げるときと同じです。円弧を描くようにします。

肘頭は真上に向ける

【呼吸】
　初級者は、下ろすときに大きく息を吸い、上げるときに吐きます。中・上級者になり、高重量に挑戦すると、スタート時に大きく息を吸って、止めたままで行うことがあります。そしてスタートに戻ったときに吐いて、また吸い込んで止めます。これを繰り返します。中・上級者になっても、息を止めないで初級者用の基本で行う場合もあります。自分にとって効果的な方法を見つけてください。

【速さ】

　初級者は（ゆっくり・同じ速さで・なめらかに）3秒かけて等速で下ろし、3秒かけて等速で上げます。中・上級者は、2秒かけて等速で下ろし、1秒で力強く上げます。

【ポイント】

・上腕は頭の方向へ傾けたまま行う

　肘の曲げ伸ばしを行うときには、常に上腕は頭の方へ傾けたままで行います。

【注意点】

・肘を開き過ぎない、絞り過ぎない

　肘は蝶番関節になっているので、左右の肘の間隔が開き過ぎて、動きの中でねじれが生じないようにします。また、絞り過ぎて窮屈になり、肘はもちろん肩や手首に無理な負担がないように、伸び伸びとした動きができるようにします。

　動作中、手首が外側へ曲がってしまい伸び過ぎると、前腕に力が入らず痛めてしまう場合があります。構えるときから、バーを深めに握り、動かし始めたら内側へ曲げるイメージで行えば、外側へ反り過ぎるのを防ぐことができます。

肘が開き過ぎている

肘を絞り過ぎている

肘が伸びているときに手首が曲がっている　　肘が曲がったときに手首も曲がっている

デクライン・シットアップ

ポイント
膝を直角に曲げる
注意点
上体を反らさない

③腹を凹ませる

④天井を見る

①台に足をかけ、膝を直角に曲げて横になる

②手を頭に組み、胸を張る

吐く　**呼吸**　吸う

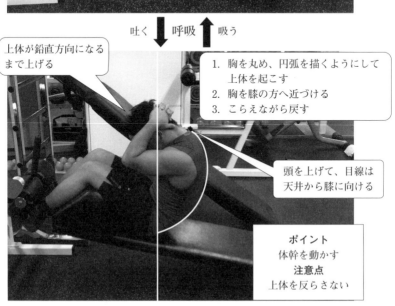

上体が鉛直方向になる
まで上げる

1. 胸を丸め、円弧を描くようにして
　上体を起こす
2. 胸を膝の方へ近づける
3. こらえながら戻す

頭を上げて、目線は
天井から膝に向ける

ポイント
体幹を動かす
注意点
上体を反らさない

1. 理　論

スタート　　　　　　　　　　　　　　フィニッシュ

1.1　腹直筋

シットアップでは主に腹直筋が使われます。

　　起始：第5〜7肋軟骨、剣状突起、肋剣靱帯

　　停止：恥骨の恥骨稜、恥骨結合全面

この筋肉は、筋線維と筋線維が分断するように節状になっています。人によっても形の違いがありますが、平均的には縦に4つに割れていて上の3つは短め、一番下の筋肉がおへそ付近から恥骨の方へ長く伸びています。

腹直筋がわざわざ節状になっているのは、1本でつながっていると、お腹を前に曲げた場合に、縮んだ筋肉がたわんで前方に飛び出してしまうからであると考えられています。また、分かれていることによって、お腹の曲がり具合を微妙に調整できるというメリットもあります。

たとえば、腹直筋の下の方が縮むと、上体をまっすぐにしたまま腰を曲げることができます。上の方が縮めば、背中を丸めるような姿勢になります。そうした部分的な微調整をすることによって、腹直筋は背中の筋肉（脊柱起立筋）と協働し、背骨をさまざまな角度で動かしています。日常生活や、ほとんどの

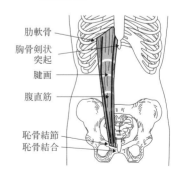

腹直筋

肋軟骨
胸骨剣状突起
腱画
腹直筋

恥骨結節
恥骨結合

スポーツ動作で使われています。

1.2　腹直筋以外の腹筋

　腹筋には腹直筋だけではなく、以下のような多層の腹筋群があります。

　これらの筋肉の一番上に腹直筋があり、4層で構成されています。これらの腹筋群は「浅部腹筋群」といわれています。また、腹筋には「深部腹筋群」もあります。インナーマッスルの腸腰筋（「大腰筋」と「腸骨筋」を合わせた名前）です。最近、大腰筋や腹横筋を鍛えるためのドローインの運動が行われるようになりました。これらを全部合わせて腹筋群ということになります。これらの筋肉は互いに協力しあって、体幹を巧みに操っています。

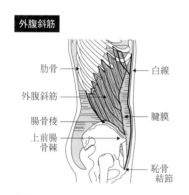

脇腹のところで斜めに走っている筋肉

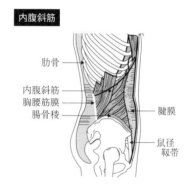

外腹斜筋の内側で、その逆方向に走っている筋肉

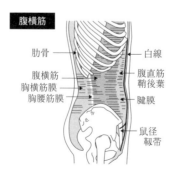

外・内腹斜筋の内側で、腹巻のように横に走っている筋肉

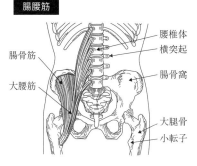

腸腰筋

腰椎体
横突起
腸骨筋
腸骨窩
大腰筋
大腿骨
小転子

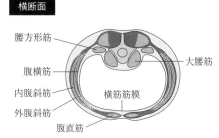

体幹部の
横断面

腰方形筋
大腰筋
腹横筋
内腹斜筋
横筋筋膜
外腹斜筋
腹直筋

1.3　腹筋の役割

　腹筋の最も基本的な機能は、背骨を前に曲げる動きです。その動きに関しては、腹筋群のほぼすべての筋肉が関与していると考えられています。日常生活の中では、それほど大きく動かす機会はなく、スポーツでも水泳のバタフライや走り幅跳びなどの特殊な競技に限られています。腹直筋をはじめとした腹筋群をダイナミックに使う動きというのは、意外に少ないといえます。

　そして腹筋の最大の役割は「体幹を安定させて、保持すること」です。体幹がグニャグニャしていていいスポーツは、ほとんどありません。ジャンプや走行、投球動作でも、いざというときには体幹が強く硬くなることで力強い動作が生まれます。体幹が安定していれば、下半身がつくった大きな力を効果的に上半身に伝えることができます。また、ケガの予防にもつながります。体幹を硬くするときは、腹直筋だけではなく、外腹斜筋や内腹斜筋なども一緒に働きます。さらに、深部腹筋群も作用していると考えられます。

　体幹は腹筋群と脊柱起立筋によってバランスが保たれていますから、原則としては両方をバランスよく鍛えることが大切です。どちらか一方の力が強くなり過ぎると、体幹に力を入れたときに偏りが出てしまい、傷害につながることもあります。

　腹筋群・背筋群の太さと、スポーツ選手の傷害を起こす関係について調べた研究によると、体幹まわりの筋肉の横断面積の大きな選手の方が、腰痛を起こす割合が少なくなっています。因果関係はまだよくわかっていませんが、体幹の筋肉の厚さと腰痛との関係はありそうです。

　筋線維の並んでいる方向からは、それぞれの動作でどの筋肉が使われている

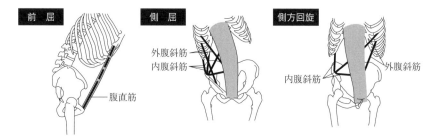

| 前　屈 | 側　屈 | 側方回旋 |

外腹斜筋
内腹斜筋
腹直筋
内腹斜筋
外腹斜筋

かを推測できます。胴体をひねる動きでは、外腹斜筋、内腹斜筋、腹横筋が主に使われているはずです。真横に体をひねる場合は、外腹斜筋、内腹斜筋、腹横筋の3つが働いていることが、また起き上がりながら斜めに体をひねる場合は、外腹斜筋と反対側の内腹斜筋が"たすきがけ"の状態で力を発揮しているはずです。お腹を引っ込める動作は、腹横筋が作用しているといわれています。体を横に曲げる動きは、外腹斜筋と内腹斜筋、さらに深部腹筋（インナーマッスル）である大腰筋も関連しています。

1.4　腹筋の基本種目とフォーム

　一番基本的な種目としてはシットアップが挙げられます。一方、寝たままで完全に起き上がらず上体を巻き上げるだけのスタイルはクランチ、またはトランクカールと呼ばれています。クランチではおへそからみぞおちまで、腹直筋の上部を主に鍛えることができます。シットアップは背骨の曲げと股関節の曲げが合わさった種目、クランチは背骨（体幹）の曲げだけを行う種目です。

　完全に体を起き上がらせるシットアップでは、腹直筋だけでなく、外腹斜筋や内腹斜筋、大腰筋や腸骨筋も使われています。さらに大腿直筋も使っていますが、体幹を伸ばして大腰筋を強く使ってしまうと、体の構造上、重い頭を持

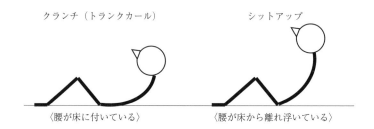

クランチ（トランクカール）　　　　　　　シットアップ

〈腰が床に付いている〉　　　　　　〈腰が床から離れ浮いている〉

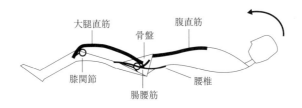

シットアップにおける腹直筋、腸腰筋、大腿直筋の作用

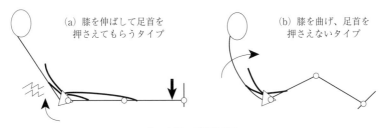

シットアップのモデル

ち上げるために腰に負担がかかると考えられます。実際、シットアップで腰痛になってしまうケースもあります。

　最後まで起き上がったほうが、トレーニング効果は大きくなりますから、腰に問題がない人や腹筋が強い人には、シットアップがお勧めです（b）。さらに、腹筋や大腰筋を酷使するようなスポーツ選手では、深部腹筋も含めて、腹筋全体を強く使えるように、脚の方を高くして角度をつけた、デクラインでのシットアップが有効です。場合によっては手に重り（ダンベルかプレート）を持って行います。

　理想的なシットアップは、クランチから起き上がっていくやり方です。クランチまでは腹直筋をよく使い、次のモーションとして起き上がるときに腸腰筋（大腰筋＋腸骨筋）を使うようにします。下ろすときも、体幹を丸めたまま腰を床につけてから、背中を伸ばしていくという2段階動作にします。

　腰は、腹筋の真後ろにあります。胸を張った状態での反り腰では、腰が支点となるため腰痛の危険性が高まります（a）。腰に不安がある人は、まず足首を固定しないで膝を緩く曲げ、腰が床から浮かないようにして、クランチを行ったほうがよいでしょう。

　腹筋は日常的に使われているために、持久性の高い筋肉です。したがって、

レッグレイズ

20回を目安に行う、ある程度筋力が付いてくれば限界まで続けるなど、いくつかのやり方があります。トレーニング頻度も週に3回、1日おきに行っても差し支えないでしょう。

　ひねりを加えたツイスティング・シットアップは、腹直筋の他に外腹斜筋、内腹斜筋にも効きます。デクラインの腹筋台を使うには最初にまっすぐで行い、筋力が付いてからひねりを加えるようにしたほうが、腰痛にならずにすみます。

　脚を上げて行う腹筋の種目に、レッグレイズがあります。これは腹直筋の上部より、おへそから下の部分が力を出します。また、体幹は固定しているだけなので、強く使うのは股関節の屈筋（大腰筋・腸骨筋・大腿直筋）です。深部腹筋である大腰筋や腸骨筋を鍛えるなら、シットアップより、レッグレイズのほうが効果的といえます。レッグレイズでは重い脚を上げるので、伸ばして振り上げると腰に負担がかかります。負担を軽くするには、膝を曲げて行います。

1.5　呼吸とドローイン

　腹筋運動では、まず肺で大きく息を吸い込み、止めて上体を起こしたり、脚を上げたりして、上げきってから吐くことが普通に行われています。この方法は力発揮がしやすいという特徴があります。もちろん、これでも腹筋を鍛えることはできます。しかし、さらに効果を上げる方法では、息を吐きながら上げるようにします。理由はうまく説明ができませんが、効き方がかなり違うことが実感できます。動作を行う1秒ぐらい前から息を吐き、その後に動き始めるようにします。

　腹筋群には、「呼吸筋」としての機能もあります。息を強く吐こうとすると、

ドローインあり　　　　　　　　　　　　　ドローインなし

腹筋群が補助的に収縮して腹腔内圧を高め、横隔膜を肺の方に凹ませて、肺の中の空気を外へ出す手助けをします。息を吸うとき、横隔膜は収縮してお腹側へ動きます。すると腹圧が上がるので、お腹の力を抜いていればお腹が前に出ます。これが普通の呼吸です。しかし、息を吸うときに、胸に息を入れて大きく張り、あらかじめお腹を凹ませるようにしておくと腹腔内圧が上がり、体幹が安定します。これはおへそが背中側へ付くようにおなかを引っ込める「ドローイン」という方法です。

　この呼吸法で腹横筋が鍛えられて体幹が安定すれば、腰痛の予防にもなります。シットアップやレッグレイズでこれを使えば、腹筋に力が入りっぱなしになります。それに前述の、「動きの前から吐き始める」ことを加えるのが、現在考えられる最も効果的な方法かもしれません。

(1)　静水圧骨格（ハイドロ・スタティック・スケルトン）

　お腹を凹ませるドローインによって、腹横筋が収縮すると、腹腔が締まりますが、腹腔内の体積は変わらないので、腹直筋が縦に伸ばされるという現象が起こります。これは静水圧骨格（ハイドロ・スタティック・スケルトン）と呼ばれています。腹横筋と腹直筋は同じ腹筋でありながら、お互いにブレーキをかけ合う、拮抗筋となっています。このような、作用によって、ドローインは腹筋運動の効果を更に引き上げる

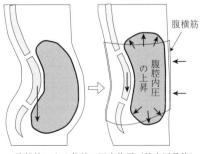

腹横筋による体幹の固定作用（静水圧骨格）

ことができます。

2. デクライン・シットアップの実施

2.1　構え

(1)　台に足をかけ、膝を直角に曲げて横になる

　後方に傾いた腹筋台に足をかけ、頭を下（デクライン）にして腹筋台に横になります。最近の台には膝を曲げるための山が付いています。腹筋台に山がない場合は膝を曲げて行います。

　前述のように、膝を伸ばして上体を起こせば、反り腰になって腰痛になる危険があり、シットアップでは基本的に膝を直角ぐらいにし、必ず曲げたままで行います。

膝を曲げる山がない

膝を曲げる山がある

膝を伸ばすと反り腰になる

膝を直角に曲げ、台に背中全体を固定する

(2)　手を頭の後ろにして、胸を張って、腹を凹ませる

　基本的に手は頭の後ろにします。手を胸の前で組んでもよいのですが、腕が体側にあるために負荷が小さくなります。

お腹を凹ませる

　構えで胸を張ると、自然に息を吸い込む状態になります。このとき、お腹を凹ませるようにすれば、腹直筋が更に引き伸ばされ、腹横筋に力が入ります。これがドローインです。

(3)　天井を見て、その後、頭を起こして膝を見る

　息を大きく吸い込んで、胸を張ってドローインした状態で腹直筋を伸ばし天井を見ています。その状態で上半身を起こすと反り腰になってしまいます。そこで、頭を起こして膝を見るようにすることで、伸びた腹直筋を縮めて力を入れ、背中が腹筋台から離れていく動きを、上部から下部に従ってスムーズに行うことができます。

【ポイント】
・膝を直角に曲げる

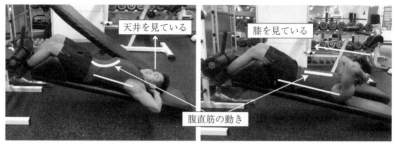

ドローインしている　　　　　　腹直筋に力が入り上体を起こす準備をしている

反り腰になった状態

【注意点】
・上体を反らさない

2.2　動き

(1)　胸を丸め、円弧を描くようにして上体を起こす

　頭を上げて、目線を天井から膝に向けながら、胸を丸めるようにすることで、主導筋として腹直筋を使います。そして腰が台から離れ、円弧を描くようにして上体を起こしていくと、腸腰筋（腸骨筋・大腰筋）、大腿直筋も使われます。

フィニッシュ：上体が鉛直方向になる

（2）　胸を膝の方へ近づける

　胸を膝の方へ近づけながら、上体が鉛直方向になるまで上げれば最も効果的です。

（3）　こらえながら戻す

　こらえながら戻すと、上げるときよりさらに腹筋群に効かせることができます。

> 【呼吸】
> 　基本は上体を起こすときに吐き、戻すときに吸います。中・上級者では強度を上げていくと、スタートのときに吸い込んで止めてから上体を起こし、止めたままで下ろす方法があります。

> 【速さ】
> 　初級者の場合には3秒かけて上体を起こし、3秒で戻します。中・上級者ではより強い刺激を与えるために腹筋台の角度を高くし、またそれに加えてダンベルやプレートなどの重量を持って行う場合には、1秒で上げて2秒を目安にして下ろします。

> 【ポイント】
> ・体幹を動かす
> 　うまく体幹を使って動かし、腹直筋の可動範囲をできるだけ大きく取って効かせるようにします。

スタート時は直線　　　　　　　　　　　　体幹が円弧になる

体幹の動き

【注意点】

• 上体を反らさない

　体幹をまっすぐに固定して行うと、股関節を動かして上体を起こすことになります。そうすると腹直筋ではなく、腸腰筋に急激で大きな負担がかかり、腰痛の危険性が高まります。上体の反りは要注意です。

体幹が反った状態

筋力トレーニング種目のビッグ3とベントオーバーロウ

『筋力強化の教科書』では詳しく説明しているビッグ3ですが、フォーム作りに役立つように、本書でも簡単に手順を掲載します。これらは筋トレを行ううえでの基本中の基本となる種目です。正しいフォームを習得することで、脚・胸・背という体を支えている筋肉のビッグ3（三大筋群）をバランスよく太く大きくすることができます。これらの筋肉がしっかりとしていれば、本書で紹介するスタンディング・バックプレス、バーベルカール、トライセプスプレス・ライイング、デクライン・シットアップもよりスムーズに実践していくことができます。

基本種目はその他の種目の土台となっています。たとえば、脚の種目の場合、スクワットをマスターすることで、レッグランジやブルガリアンスクワットなどの種目を安全に、かつ効果的に行うことができます。ところが、スクワットを行うことなく、後者の種目を行い続けても、太ももやお尻の筋肉量をそれほど増やすことはできません。スクワットでお尻を含めて、太もも全体の筋肉を増やし、そのうえで局所的な筋肉を鍛えます。ブルガリアンスクワットは主に大臀筋を使います。

このようなことは、上半身の種目にもいえます。最近、胸の種目のワンハンド・ダンベルプレス、また背中の種目であるワンハンド・ダンベルベントオーバーロウを行うスポーツ選手が増えてきました。これらの種目で鍛える筋肉にしても、土台となっているベンチプレスやバーベルでのベントオーバーロウが、筋肉量を増やし続けるうえで大変重要です。

筋力トレーニング種目のビッグ3（やベントオーバーロウ）は、筋トレを続けている以上、筋肉づくりをずっと続けて行ううえで、最も効果的な種目です。

1. スクワット

主働筋：大腿四頭筋・ハムストリングス・大臀筋　　**協働筋**：内転筋群・脊柱起立筋・下腿三頭筋

1)　構え

①手幅は肩幅より拳 1 つ強、外側（肩幅の 1.6 倍）に取る

②バーをラックから僧帽筋の一番厚いところで担ぎ上げ、3 ～ 4 歩で後ろへ下がる

③足幅を踵で肩幅に取り、つま先を少し外側へ向け、背筋をまっすぐにし前を見る

> 【ポイント】
> ・足裏でバランスを取る
> 【注意点】
> ・腰が前に入り過ぎないようにする

2)　動き

①股関節・膝・足首の順に曲げる（椅子に腰かけるイメージ）

②足裏でバランスを取りながら、深くしゃがむ（フルまたはパラレルスクワット）
　吸う（2秒）

③膝はつま先の真上にくる（脛と背中が平行）

④バランスを保ち、股関節を伸ばしながら立ち上がる 吐く（1秒）

【ポイント】
- しっかりと深くしゃがむ（フルまたはパラレルスクワット）

【注意点】
- 猫背・反り腰にならない
- 膝を絞り・出し・引き過ぎない

2. ベンチプレス

主働筋：大胸筋　**協働筋**：上腕三頭筋・三角筋前部

1)　構え

①ベンチ台に仰向けに寝て、バーの真下に目がくるようにする

②手幅は肩から拳1つほど外側に取る（肩幅の1.6倍）

③足幅は肩幅、つま先は少し外側で膝の真下にし、足裏全体を床に付ける

④お尻・後頭部をベンチ台に付けて体幹を反らし、肩甲骨を寄せて胸を張る

⑤バーを見てラックから押し上げ、肩の真上に持ってくる（真横から見て、バーの芯・手首・肘・肩は一直線で鉛直）

【ポイント】
- 肩甲骨でバランスを取る

【注意点】
- 肩が浮いたり、お尻が浮いたりしない
- バーベルが肩の真上からズレない

2)　動き

①胸を張ったまま、バーの芯の真下に手首・肘を保ちながら下げる（弓を弾くイメージ）｜吸う（2秒）｜

②バーを胸の一番高いところに付ける（真横から見て、バーの芯・手首・肘が一直線で鉛直）

③胸を張ったままで、押し上げる｜吐く（1秒）｜

> 【ポイント】
> ・胸の張りを保つ
> 【注意点】
> ・バーベルを傾けない
> ・肘がバーの芯の真下から外れない

3.　デッドリフト

主働筋：脊柱起立筋・大臀筋・ハムストリングス　**協働筋**：広背筋

1)　構え

①足幅は肩幅よりやや狭めにし、つま先をほんの少しだけ外側にする

②上体を前傾（屈曲）して順手と逆手でバーを握り、手幅を肩幅にする

③背筋（体幹）をまっすぐにして、膝を軽く曲げる（バーは脛に触れるくらい近づける）

④上体を水平にして頭を起こし、前を見て、足裏全体でバランスを取る（太ももの上にお腹を載せ、腹筋に力を入れる）

【ポイント】
- 足裏でバランスを取る
- 背筋をまっすぐにする

【注意点】
- 猫背にならない

2）　動き

①背筋をまっすぐのまま、バーを脛・太ももに沿って引き上げる（バーベルの芯は、足裏の中心から鉛直方向の重心線上を動く）吐く（1秒）

②直立して、バーを太ももの上部まで引き上げる

③コントロールしながら、元の姿勢に戻す 吸う（2秒）

【ポイント】
- 足裏でバランスを取る

【注意点】
- 猫背にならない
- フィニッシュのときに上体を反らし過ぎない

4.　ベントオーバーロウ

主働筋：広背筋　**協働筋**：脊柱起立筋・僧帽筋・三角筋後部

1）　構え

①足幅は肩幅よりやや狭めにし、つま先をほんの少しだけ外側にする

②腰を折ってバーを握り、手幅を肩幅よりやや広くする

③背筋（体幹）をまっすぐにして、膝を軽く曲げる

④バーを浮かし、脛に付けて、足裏全体でバランスを取る

⑤頭を起こして、前を見る

> 【ポイント】
> ・体幹をまっすぐに固定する
> 【注意点】
> ・バーを脛から離さない

2）動き

①背筋をまっすぐのまま、脛・太ももに沿ってバーを引き上げる（肘を後ろへ引くイメージ）[吸う（1秒）]

②上体は水平か、少し起こしながら、バーをお腹に引き付ける（肘が90度ほど曲がり、バーから肘のラインは鉛直）

③コントロールしながら、元の姿勢に戻す[吐く（2秒）]

　※力発揮を重視すると、呼吸は逆になる

> 【ポイント】
> ・肩甲骨を大きく動かす
> 【注意点】
> ・猫背にならない
> ・膝を前に出し過ぎない

第 4 章　年代別・目的別トレーニング

　筋力トレーニングは多くの人にとって有用なものです。しかし、成人の方と子どもや高齢者では、トレーニング強度やトレーニングメニューが変わってきます。また、専門的にスポーツ競技を練習しているアスリートと健康を目的としてトレーニングをされている一般の方でも、当然その取り組み方が異なってきます。

　本章では、こういった年代別、目的別のトレーニングについて扱います。4.1 節では子どもの体力の異変について、4.2 節では高齢者の健康づくりのための運動について、4.3 節では競技者用のトレーニングの代表としてバリスティックトレーニングを扱います。4.5 節ではビッグ 3 などのトレーニングについて、一歩進んだコツと補助のコツを紹介します。

4.1　子どもの運動機能とその異変

　遊び場や遊びの機会を失った子どもたちに起こっている異変をみることによって、私たちがどう対応すべきかが見えてきます。

1)　しゃがみ込みのできない子どもたち

　学校で肩・肘・膝・腰などの運動器の健康診断をするようになりました。体力低下が進んでいることはかなり以前からわかっていましたが、走る・跳ぶ・投げるなどの身体能力だけでなく、立位姿勢やしゃがみ込み動作などの生活の基本動作にも影響が出ていることがわかりました。立った状態からお尻が床に付くくらいまでしゃがむことができなくなっています。しゃがもうとすると後方に転倒したり、踵が浮いたり、途中で膝に手を付いてモゾモゾしたりなどの現象がみられます（図 4.1）。

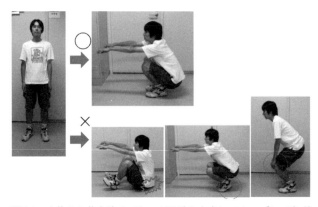

図 4.1　立位から体を沈めてしゃがみ込むときにスムーズにできず
に後方に転倒したり、踵が浮いたり、途中で膝に手を付いてム
ズムズしてしまうことがある。

　2012（平成24）年度に埼玉県で行われた調査によると、幼稚園児や小学1年
生はモゾモゾすることはあっても後方に転倒する子はいません。小学校高学年
から後方転倒が増える傾向があると報告しています。なぜできないのか、足、
膝、股関節の可動域の問題か、それともハムストリングや内転筋群、臀筋、大
腿四頭筋などの筋群の柔軟性が低下しているためか、などのさまざまな意見が
専門家の間でも出ました。関節が硬くてもスムーズにしゃがみ込みができる子
がいたり、関節は柔らかいのにうまくしゃがみ込みができない子もいたりと、
個々の関節可動域としゃがみ難さはあまり関係がないことがわかりました。ま
た2014年に徳島県のスポーツ少年団サッカー選手834名に調査が行われ、
6.3%が後方転倒するという結果を報告されています。サッカーでも予防でき
ないことがわかりました。おそらく野球やバスケットボールでも同様の結果に
なったと予想されます。
　筋肉が収縮して力を出すときには、筋線維が収縮しながら力を出すコンセン
トリック・コントラクション（CC、求心性収縮）と筋線維が引き伸ばされなが
ら収縮して力を出すエクセントリック・コントラクション（EC、遠心性収縮）
があります。スクワットでは、大腿四頭筋や大腿筋膜張筋などのフロントライ
ンの筋群とハムストリングや内転筋群、臀筋などのバックラインの筋群の両方
が働きます。体重に耐えながらしゃがみ込む際は両者ともに力を入れながら引

き伸ばされる遠心性収縮が中心になり、立ち上がるときは求心性収縮が中心になります。しゃがめない子でもいったんしゃがんだ状態から立ち上がるときはスムーズに立ち上がります。しゃがみにくいのはこの遠心性収縮と関係があるのではないかと考えています。「力を入れながら抜く」という力のコントロールがうまくできないためではないでしょうか。そして力のコントロールができないために股関節や膝関節を協調しながら屈曲することができなくなり、動きが止まってしまうのではないでしょうか。対策としては小学校低学年の体育でしゃがみ込みなどの基礎的運動を教える必要があると思われます。

2) 腕立て伏せや懸垂ができない子どもたち

肩や肘を傷めた高校生のリハビリで上体の筋力を見るために腕立て伏せをやってもらうとできない選手がいるのに驚きました。体を一直線に保ちながら胸が突くまで下ろし、一直線のままで持ち上げることができません。体をくねくねさせたり、お尻を持ち上げたり、胸を付けるまで下ろせなかったりします。懸垂に至ってはチームでまともにできる選手が2, 3人もいません。順手で肩幅より広めに持ち、顎がバーに付くまで引き上げることができないのです。それでも野球をやらせれば、レギュラーとして通用します。20年くらい前までは体育の得意な子が野球選手になることが多かったので、当然できると思っていました。基礎体力のなさに愕然としました。

彼らに話を聞くと小学生から野球だけをやってきたようで、学校体育でも腕立て伏せや懸垂をする機会はなかったそうです。小学生時代には雲梯や竹登り、ジャングルジムで遊ぶこともなかったそうで、体育はケガをしてはいけないという理由から球技中心で、マット運動や跳び箱、鉄棒はほとんどしなかったそうです。おかげで壁倒立すらできないそうです。体格はよくなっているので体重があり、懸垂で体を引き上げられないのもわかりますが、明らかに基礎体力が低下しています。こういった選手にいきなりバーベルを使ってのベンチプレスやスクワットを教えようとしてもバランス感覚も悪く、危なっかしくできません。だからといってマシンを使うと筋力はつきますが、協調運動ができないので競技に活かせません。軽い負荷から始めて、動き作りと並行して筋力強化を進めていくことが大切です。

一方、100 m走で9秒台の選手が次々に現れ、投手の球速はどんどん上がり、

体操競技でも高難度の演技が次々とできるようになっています。スポーツの分野でも二極化が進み、運動のできる者とできない者の差が広がり、全体としては基礎体力、運動能力の低下が進んでいるように思われます。体育の目標はすべての子どもの体力を向上させることではなく、生涯にわたりスポーツを楽しみ、継続できるような機会作りではないでしょうか。小学生低学年ではスポーツの基本となる運動をしっかりと教え、小学校高学年から中学生期はさまざまなスポーツに挑戦し、高校では専門競技を絞って鍛錬し、運動部に属さない生徒にはスポーツジムの利用の仕方やヨガなどを教えてはどうでしょうか。学校体育のあり方を根本から見直す時期がきているように思います。

3)　剣玉の極意とハイクリーン

　ゲームやスマホのなかった時代、子どもたちは剣玉やコマ回し、メンコ、お手玉などをして遊んでいました。ゲームとの違いは体を動かしながら、技術を磨く必要があることです。ゲームにも修練は必要ですが、体を動かさないためVR（バーチャルリアリティ）での感性だけが研ぎ澄まされます。剣玉でうまく玉を受けるには玉を動かすだけでなく、膝を曲げて腰を落として、空中に停止した玉を拾い受ける感覚が必要です（図4.2）。これはウエイトリフティングのスナッチやクリーン動作に通じます。バーベルを体の近くで垂直に引き上げて、腰を落としてバーベルの下に潜り込み、停止したバーベルを拾い受ける感覚と似ています。力任せに頭上に引き上げようとしても持ち上がりません。子ども時代の剣玉の感覚と共通します。

　メンコでは上から下に投げるときに手だけでなく、足を踏み出し、体幹を回

図 4.2　腰を落として玉を受ける感覚と
重量挙げのハイクリーンは共通する。

旋させ、肩甲骨を固定して腕、そして指先に力を伝えていきます。これは野球の投球動作と共通します。コマ回しに至っては、コマを振りだし、最後に引くことで回転をつけます。これは投球のカーブなどの変化球を投げるときのコツと同じです。私たちよりさらに昔の世代では小舟に乗って櫓をこいだり、天秤棒で水桶を担いだりして足腰を鍛えたと聞きます。昔はこういった遊びや手伝い仕事のなかでスポーツに必要な基本動作を身に付けることができました。今はこういった遊びの機会がほとんどないので、どうしたらよいでしょうか。クイックリフトのフォーム習得は高校生になってから始めるより、神経系の発達がよい小児期に始めるほうが早く上達します。一度覚えた自転車の操作は一生忘れないように、小児期に覚えた感覚は長く残ります。重量挙げの強い地域では木製の軽いバーベルでスナッチやクリーン動作を小学生期から教えていると聞きます。これも1つの方策ではありますが、何かもっと自然に楽しく身に付ける方法はないでしょうか。

4.2　高齢者の健康と運動

1)　高齢者の健康づくり運動への取り組み

　筆者（高西）は1991年に長崎の地方テレビ局で、毎週月曜日10:00〜11:00放送の「健康の科学」という番組を担当する機会があり、健康に過ごすための運動とトレーニング理論を紹介しました。そのトレーニング効果を体験された視聴者の方々の反響があり、これを受けて翌1992年から筆者の主宰するマルヤジムで、健康づくり運動としてダンベル体操をスタートしました。この年からの10年間は、長崎市を含めて近隣の自治体からの要請で、高齢者を対象とした出張でのダンベル体操も指導しました。

　1998年には埼玉県三郷市で「シルバー元気塾」がスタートしました。筆者（石井）が科学的なサポートを行い、筆者らのボディビルの師匠である宮畑豊先生が実際の指導をしました。それから4年後の2002年にシルバー元気塾を視察したところ、多くの高齢者が楽しそうに運動していました。

　図4.3は参加者・会場数の推移を表したものです（森、2006）。ここからは、59名からスタートした会員数が、2002年には710名と大幅に増え、さらに2年後には1367名にもなっていることがわかります。また石井の足腰年齢の調

1367名
(14ヵ所)

1043名
(12ヵ所)

710名
(9ヵ所)

650名
(6ヵ所)

545名
(5ヵ所)

323名
(4ヵ所)

59名
(1ヵ所)

1500
1200
900
600
300
(参加者数)

平成10年　平成11年　平成12年　平成13年　平成14年　平成15年　平成16年

図4.3　埼玉県三郷市「シルバー元気塾」の参加者・会場数の推移
（森、2006）

査研究の結果、「1年間で平均6歳も若返っている」ことがわかりました。

　同じ年、長崎市に隣接する西彼杵郡三和町（人口約1万2000人）は「高齢者用ダンベルストレッチ教室」を開設し、筆者がその指導にあたることになりました。三和町の教室は20名からスタートしましたが、翌年には200名ほどになり、場所も1ヵ所から5ヵ所に増えました。三和町は2007年に長崎市に合併されましたが、その後も自主グループとして継続しています。

　一方マルヤジムでも、1992年から2021年まで、週に1回の「ダンベル体操教室」を行っています。この29年間で、20年以上継続されている方もいます。継続できている理由の第一は、それが健康増進につながっていることを、実践者自身の体験で実感していることです。もう1つは、場の雰囲気を和やかにして、楽しく明るくトレーニングできる指導者の存在があります。

　ところで、筆者は今まで高齢者用の筋肉づくり運動を「ダンベル体操」という名称にしていましたが、昨年から「筋肉づくり体操」と改めました。これは、近畿大学の谷本道哉先生が指導されているNHKの「みんなで筋肉体操」を参考にしたものです。より明確に健康づくりに貢献できる筋力トレーニングを示したいという思いがあります。

2)　健康体操教室とその理論

　高齢者が行う筋力トレーニングには、下記のような効果があります。

　　　①寝たきり・転倒を予防する

　　　②骨を丈夫にして、骨粗しょう症を予防する

　　　③サラサラの血液になり、血液中の脂肪分（悪玉コレステロール）を下げる

　　　④血糖値を正常に保ち、糖尿病などの生活習慣病を予防する

　　　⑤筋肉が増えることで基礎代謝が上がり、脂肪が付きにくい体質になる

　　　⑥腸の働きが活発になり、便秘を改善する

　　　⑦認知症を予防する

　しかし、心肺機能を使っての持久力（スタミナ）、柔軟性、平衡感覚（バランス）、敏捷性などの向上にはあまり役に立ちません。そこで、筆者が作った健康体操教室のプログラムのなかには、これらの体力を向上する運動も取り入れました。ウエストと脚のシェイプアップ体操は、リズミカルにテンポよく息を弾ませて20回行うことで、筋力トレーニングでは強化できない心肺機能を引き上げることができます。

　また、簡単なPNF[1]（Proprioceptive：固有受容性感覚器、Neuromuscular：神経‐筋、Facilitation：促通）も取り入れました。これにより、対角螺旋の動きを左右対称に行うことで、日常生活をより快適に過ごせます。

　高齢になると、特に背骨周りの筋肉が硬くなってきます。柔軟性を取り戻すためには、リラックスして力みをなくし、筋肉を緩めてほぐすことが必要です。ほんの少し補助者がサポートして行うことで、効果を引き出すことができ、また左右のバランスもよくなってきます。

　健康体操教室は、①ウォーミングアップ（準備体操）、②筋肉づくり体操第一・第二、③大腰筋体操、④ウエスト・脚のひきしめ体操、クーリングダウン（整理体操）としての2人組でのストレッチ、というように分けることができます。その中で筋力強化を行う体操をメインとして「筋肉づくり体操」としました。

　高齢者用の筋肉づくり体操はスロートレーニング（スロトレ）で行います。ポイントは以下の5つです。

---

1)　PNF（固有受容性神経筋促通法）：脳と神経と筋肉のつながりを改善して、体の動かし方をよくする運動療法。

①力を入れたまま、筋肉を緩ませない

②ゆっくり行う

③呼吸を大切にする

④鍛える部分を意識する

⑤きつい!　そう感じるのが正解

　これらは、筋肉に力を入れたままゆっくりと等速で行います。呼吸は止めないようにします。止めて行うと血圧が急上昇しますので注意してください。たとえば、スクワットでは膝関節と股関節を伸ばし切って緩ませないようにします。呼吸は大きく吸いながらしゃがんだあと、吐きながら立ち上がります。

　鍛えている筋肉を意識し、5〜10回行う場合は回数を重ねるたびにきつさが増して筋肉が張り、最後が一番きつく感じるように行います。こうしたトレーニングは、続けることで確実に効果が上がります。まずは3ヵ月間続けましょう。

　今回、構えのフォームと動きの速さについては①と②を強調して、スロトレの効果をできるだけ出せるよう考慮しました。

【構えのフォームについて】

　各種目には力が抜けてしまうところがあります。スクワットでは立った状態で膝を伸ばし切ったところです。それを膝を少し曲げて構えることで、太ももに力が入り、緩むことがなくなります。

【速さ】

　今回各種目の動作は「3秒で下げて、3秒で上げる」ということを紹介しました。これにより、厳密にスロトレを行うことで、できるだけ効果を出せるようにしました。スクワットの場合は3秒かけて等速でしゃがみ、3秒かけて等速で立ち上がります。

3)　いつでも・どこでも・誰でも・手軽にできる大腰筋体操

　大腰筋は、腹筋と背筋の間の深部にあり、背骨から太ももの骨につながっている筋肉です。腰椎の両側を上下に走り、腰椎の外側から始まって腹部の内臓

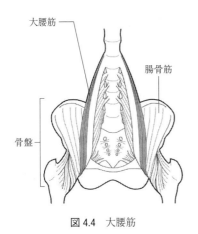

図 4.4　大腰筋

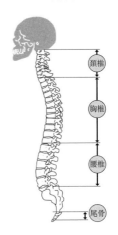

図 4.5　正常な背骨

と骨盤の間を通り、大腿骨の上部とつながっています。この大腰筋には主に、以下のような 3 つの働きがあります。

　　①太ももを引き上げる（歩くときに重要！）

　　②背骨を支える

　　③骨盤を正しい位置に保つ

　大腰筋には股関節を曲げて歩いたり、走ったりする動作を助ける働きがあります。高齢者がすり足になるのは、大腰筋の衰えが原因です。また、背骨をしっかりと支えることで自然な S 字の弯曲を保持する働きがあり、腹部や腰周り、お尻の筋肉を引き上げています。

　さらに、腸骨筋と連動して骨盤を正しい位置に保っています。これによって、背骨にかかる重力の負担を軽くして、背骨と骨盤の位置をよくして、腰痛を予防し、正常な立位姿勢を維持します。

　以下は「大腰筋の衰え度チェック」法です。

　　• 下腹部がポッコリ出た

　　• 姿勢が悪いとよくいわれる。猫背である

　　• お尻が薄く、平べったい。垂れてきた

　　• ふだんほとんど運動をしない

　　• 歩いているときによくつまずく

- 歩くことがおっくうなので、よく乗り物を利用する
- 以前に比べて歩く速度が遅くなった
- 腰痛がある
- 冷え性である
- 正座をするのが苦痛
- 階段を上るのが苦痛
- 椅子に深く腰掛けるのが苦痛

　これらの項目に当てはまってしまうことのないように、大腰筋を鍛えましょう。効果の現れ方には個人差もありますが、早い人では2週間、遅い人でも2ヵ月ぐらいで、お腹が凹む効果が実感できるはずです。

　健康体操教室では、大腰筋を強化する効果的な体操を3種類取り入れています。

　　①あおむけ足上げ
　　②あおむけ足踏み
　　③お尻歩き

　これらの運動は、いつでも・どこでも・誰でも・手軽にできます。各種目の効果的なフォームを身に付けましょう。

4.3　アスリートのトレーニング——バリスティックトレーニング

1)　バリスティックトレーニングの位置づけと役割

　スポーツパフォーマンスの要素は下記の5つからなります（図4.6）。

　　①ストレングス
　　②コンディショニング
　　③パワー
　　④スキル
　　⑤戦略

　スポーツで勝利をつかむには、これら1つ1つを強化し、それぞれをうまく組み合わせなければなりません。

　まず筋力トレーニングの基本は、図4.6の①ストレングス（筋力）の強化です。それはすなわち、体の土台となる筋肉を作ることです。「筋肉のエンジン

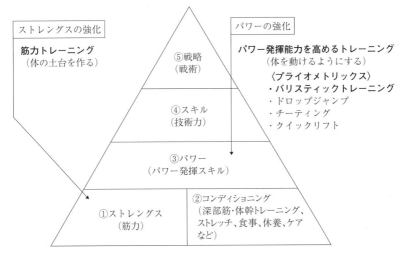

ストレングスの強化

筋力トレーニング
（体の土台を作る）

パワーの強化

パワー発揮能力を高めるトレーニング
（体を動けるようにする）
〈プライオメトリックス〉
・バリスティックトレーニング
・ドロップジャンプ
・チーティング
・クイックリフト

⑤戦略
（戦術）

④スキル
（技術力）

③パワー
（パワー発揮スキル）

①ストレングス
（筋力）

②コンディショニング
（深部筋・体幹トレーニング、
ストレッチ、食事、休養、ケア
など）

図 4.6　スポーツパフォーマンスの 5 つの要素

としての基本性能」（ストレングス）＆コンディショニングが大きくてしっかりと安定しているほど、その上に③〜⑤を積み上げやすくなります。

たとえば 100 馬力のパワーを持っているエンジンを改造して、200 馬力に強く大きくすればこの三角形の山の裾野が広がり安定します。このときの力発揮は自動車でいえば、すでにエンジンが回って等速で走っている状態です。筋トレではバーベルやダンベルを使用して、ベンチプレスやスクワットといった種目を重さと釣り合った力を出しながら、10 RM の 1 回 1 回を 3 〜 5 秒ほどかけて等速で行っていることにあたります。

一方、一般的なスポーツ動作では、静止した状態（速度がゼロ）からいかに速くトップスピードに持っていけるかがとても重要ですが、それが「加速性能」です。動作の初めにできるだけ大きな力を発揮して、体を素早く動かすとき発揮される力と加速度の間には、「力 = 質量 × 加速度」の関係が成り立っています。同じ重量でも、これを強く加速しようとすれば、加速度の大きさに比例した力を発揮する必要があります。

図 4.7 は、体重 86 kg の筆者の一人（石井）が 40 kg のバーベルを担いで、フォースプレートの上でスクワットを行ったときの床反力を示したものです。A は、太ももの筋肉を意識してゆっくりと通常の動きでスクワットを行った

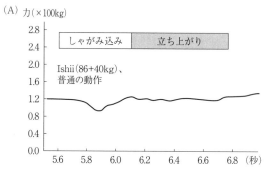

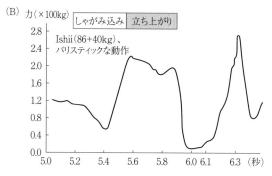

図 4.7　挙上動作に依存した筋力発揮パターンの変化
（石井、1999）

場合で、体重＋重量＝ 126 kg ほどの力が常時発揮されています。B は、「しゃがみ込み」の最下点でバーベルを急減速してから素早く切り返して立ち上がった場合の筋力発揮で、瞬間的に 240 〜 280 kg の筋力が発揮されています。初期にはきわめて大きな筋力が発揮され、後は慣性が働いて重量が上がっていき、力発揮はずっと小さくなります。

　このBのような、動作の初期に急瞬な力発揮をして重量を上げ、強く加速する力を鍛えるトレーニングを「バリスティックトレーニング」といいます。バリスティックとは「弾道」を意味する英語で、スピードを必要とするスポーツ動作を筋力とつなげるために有効なトレーニングです。

　これはまた、「スポーツパフォーマンスの5つの要素」の中の③「パワー」を強化するトレーニングにあたり、プライオメトリックスというトレーニング法の1つでもあります。プライオメトリックとは「エクセントリックな収縮に

より筋肉を一度引き伸ばしておいて（予備伸張）、次の瞬間、急激な収縮（コンセントリックな収縮）をさせることで、爆発的なパワーを出させるトレーニング法」です。その目的は、「神経と筋肉の協調性を高める」ことです。代表的なものに、箱の上から飛び降りた瞬

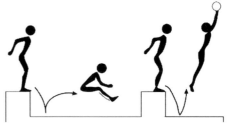

図 4.8　ドロップジャンプ

間に縄跳びをしているように飛び上がる「ドロップジャンプ」があります。これはスポーツ動作につながる「筋−腱の弾性を利用した動作」です。

　筋肉−腱複合体が強制的に一度伸ばされてから、収縮することを「SSC（伸張−短縮サイクル：stretch-shortening cycle（ストレッチ・ショートニング・サイクル）」といいます。SSC では腱のバネ作用を利用することで、非常に大きなパワーを発揮できます。他の方法には、ウエイトリフティングで行うクイックリフトや反動を利用して行うチーティングなどがあります。

　しかし、このような反動を使った運動は、瞬間的に筋肉・腱・関節に非常に大きな負担がかかり、それだけケガや故障のリスクが高くなります。したがって、まず筋肉を太く大きくし、それを基盤として、最初は軽い重量を用いて動きを覚えながら、慎重に取り入れていくようにします（具体的なやり方は後述の「3) 安全に確実にパワーを発揮する能力を高める」を参照）。

　このように、エンジンの能力を引き上げる基本のトレーニングに加えて、そのエンジンの性能を更に引き上げるバリスティックトレーニングを行うことで、スポーツで使える基礎的な動きづくりができます。筋肥大・筋力増強の筋トレは体の土台づくりとしての「ベースアップ」、バーベルやダンベルを使ったバリスティックトレーニングを含む、反動を利用したプライオメトリクスのトレーニングは体を動けるようにする「チューンアップ」に位置づけることができます。

2)　異なったトレーニングによるパワーの変化

　図 4.10 は、図 4.9 のような装置を使って肘を曲げながら上腕二頭筋の力−速度の関係を調べ、そのパワー（＝力×速度）をグラフにしたもので、このよう

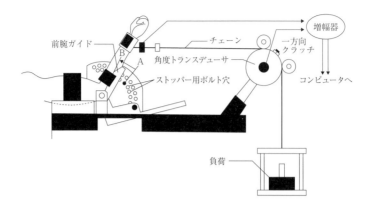

図4.9　ヒト肘屈筋の等張性収縮の測定法（石井、1999）

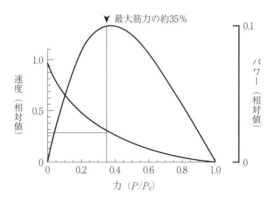

図4.10　ヒト筋の力‒速度関係から得られる力‒パワー
　　　　ー関係（石井、1999）

にお椀を伏せたような凸型の曲線になります。このグラフからわかることは、パワーのピーク（最大パワー）は最大筋力の 30 ～ 35% の負荷（重量）のところにあるということです。このパワーのピークをできるだけ高くすれば、スポーツにおいてよりキレのあるスピーディーな動きができます。そこで、このグラフをもとに、そのための方法を考えてみましょう。

　たとえば上腕二頭筋の運動としてバーベルカールを行う場合、最大筋力としての 30 kg の 35% である 10.5 kg を使って最大のスピードでカールを行うトレーニングを続けると、パワーのピークを高くすることが可能です。しかし現実

には、以下にみるように、(a)最大筋力を引き上げることができない、(b)カールのような肘関節を使った単関節運動はスポーツの動きにつながりにくい、というような課題が出てきます。

(a) 最大筋力を引き上げることができない

図 4.11 の（A）と（B）のグラフは、30 〜 35% 1 RM（等尺性最大筋力）の負荷を使用した軽い重量で、スピードを重視したバリスティックトレーニングを行った場合の力−速度関係（A）と力−パワー関係（B）の変化を表したものです。力−速度関係では小さな力での速度が増していますが、筋力は変わっていません。これはトレーニングに、主に神経系への効果があったためと考えられます。パワーについては、ピークの値と小さな力で増加しています。

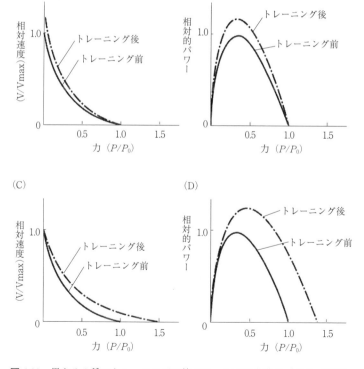

図 4.11 異なる 2 種のトレーニングの筋パワーに及ぼす効果（石井、1999）

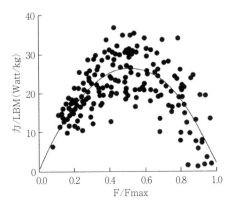

図 4.12　ハックスクワットでの力−パワー関係
（石井、1999）

（C）と（D）のグラフは、10 RM（最大反復回数）の高負荷でトレーニングを行った場合の力−速度関係（C）と力−パワー関係（D）の変化を表したものです。小さな力での速度はあまり増大していないですが、筋力が 1.5 倍と増大するため、大きな力での速度が増しています。その結果、ピークパワーの値も含めてパワーの領域が全体的に著しく大きくなっています。

(b)　カールのような肘関節を使った単関節運動はスポーツの動きにつながりにくい

　この装置で行うカールは肘関節を固定して使った単関節運動です。スポーツ動作は、いうまでもなくいろんな関節を連動させた複合関節運動です。

　図 4.12 のグラフは、ハックスクワットでの「複合関節運動による、力−パワー関係」を測定したものです。ばらつきはあるものの、パワーのピークはより重い方へシフトし、最大筋力の 50% ほどです。「最大筋力の 30 〜 35% が最大パワーを出す」という理論が当てはまりません。筋力トレーニングを行う場合には、こういったことを理解して、パワー発揮能力を高めるための戦略を考え、計画的に実行する必要があります。

　複合関節運動としてのスクワットを、パワー発揮能力向上のためのバリスティックトレーニングとして行う場合は、基本的に 50% 1 RM での重量が最適です。筋肉は車のエンジンに喩えると、私たちの体には多数のエンジンが備わっています。それら 1 つ 1 つがその役割を果たしながらうまく連動すると、キレのあるスピーディーな動きができます。多関節運動であるスクワットで、ピークパワーが 50% 1 RM となっているのは筋肉同士が連動して協働した結果だといえるでしょう。

3)　安全に確実にパワーを発揮する能力を高める

　100 kg/ 1 RM の力の人の場合、50% 1 RM での重量を使ったバリスティック

トレーニングをするならば、50 kg / 10 回を毎回（弾道のイメージで）爆発的に立ち上がるようにします。このようにすることで、パワーを発揮する能力を高めることができます。しかし、それでも瞬間的に発揮される床反力は 100 kg をはるかに超え、一時的に体に大きな負担がかかることがあります

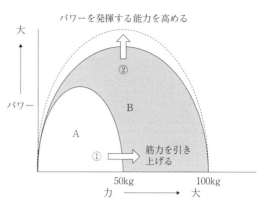

図 4.13 筋力アップとパワー領域の関係

図 4.13 のグラフでは、スクワットで 50 kg / 1 RM の人が、2 倍の 100 kg / 1 RM まで筋肉量を増やして筋力アップした場合のパワーの領域を表しています。まず、A のパワーの領域を B まで広げます。それから B の領域のピークパワーを引き上げます。整理すると以下のようになります。

　①筋肉量を増やす基本の 10 RM でのトレーニングを行い、筋力を十分に引き上げる

　②パワー発揮能力を高めるバリスティックトレーニングを行う

4) バリスティックトレーニングの効果を上げるための筋力レベル

　筋力レベルによって、バリスティックトレーニングで得られるパワーアップの効果には差があります。残念ながら筋力レベルが低い人は、得られる効果もそれほど期待できません。むしろ傷害になるリスクが高くなるともいえます。

　競技種目にもよりますが、たとえばフルスクワット 50 kg / 1 RM ではバリスティックトレーニングの効果はほとんど期待できません。それよりも、集中的にパワーそのものを大きくする、体の土台となる筋肉量を増やすための標準的な 10 RM でのトレーニングを行うことのほうが有効でしょう。バリスティックトレーニングでの適正な使用重量はこれといって決まった数値があるわけではないので、各種のスポーツの特性を考慮する必要があります。筆者の経験では高校生を含めた一般男性の場合、最低でもフルスクワット 100 kg / 1 RM

くらいは行える筋力が必要です。女性の場合は 80 kg／1 RM くらいです。

　2021 年現在、メジャーリーガーとしてシアトルマリナーズで活躍している菊池雄星投手はフルスクワット 190 kg／10 回を行うことができます。このくらいになると、バリスティックトレーニングで抜群の効果を引き出すことができます。ちなみに、菊池選手はプロ野球選手になったばかりの頃、筆者らが開催したセミナーを受講しています。トレーニング理論を理解し、筋トレの効果を体現している 1 人で、今でもフルスクワットでの筋肥大にこだわっています。

5) 筋肉量の増大とパワー発揮能力向上のフォームを重ねる

　なお、バリスティックトレーニングは、バーベルやダンベル、各種マシンを使った通常の筋肉量を増やすための種目で行うことができます。たとえば、フルスクワットと同じフォームでバリスティックトレーニングを行うことが可能です。このことには筋トレで身に付けた筋力を、ロスすることなくスピードに変えるというとても重要な意味があります。小学生の子どもでも、筋トレを開始したときから、スポーツパフォーマンスの向上につながる動きを考えたフォームで行うようにします[2]。

　野球選手のスクワットではバーベルの軌道が前後にブレることなく、スムーズで自然な力発揮ができているかどうかを見るようにします。ピッチングやバッティング、それに走塁は地面から跳ね返ってくる力を最大に利用してスピードに変えているからです。

　バリスティックトレーニングでも、バーベルの芯の軌道がブレることなく鉛直方向になることで、地面から跳ね返ってくる床反力を利用して瞬発的な力発揮ができます。上体が前傾し過ぎたりして、バーベルの芯がつま先方向へブレる軌道では（図 4.14A）、筋肉の付き方や力発揮の仕方が変わり、スピーディーな立ち上がりができなくなります。逆に上体が立ち過ぎると、重心が後ろに動いて踵寄りになり（図 4.14B）、こちらもスムーズな立ち上がりを妨げます。そうなると、パワー発揮能力が向上できなくなり、野球の動きのなかでのパワー発揮もうまくいかず、スピードに変えることができなくなったりします。また、このようなフォームは膝に無理な負担がかかり、転倒してしまう場合もありま

---

　2) そのフォームは、姉妹書『筋力強化の教科書』を参照。

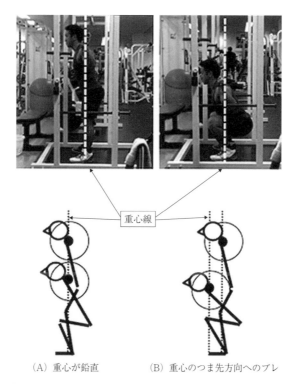

（A）重心が鉛直　　　　（B）重心のつま先方向へのブレ

図 4.14　スクワットでのバリスティックトレーニングと重心

す。

　小学生の頃から野球などのように、瞬発的なキレのある動きを必要とするスポーツを続けてきた高校生の場合、その動きは脳の中にプログラミングされています。その神経回路を転用すれば、簡単に野球の動きにつながるフォームを作ることができます。

　スクワットの場合は真横から見て、バーベルの芯が足裏の土踏まずの中心から鉛直に立てた重心線上の軌道を動いているかをチェックします。軽い負荷を用いて、スムーズな動きができれば既に獲得している神経回路を転用している証拠です。

　ぎこちない動きになっている場合、足幅やつま先の方向、上体の傾斜や膝の出し方、目線などを少し変えてみたりして、しっくりとくるフォームを作りま

図 4.15　レッグエクステンション（左）とレッグカール（右）

図 4.16　スミスマシンでのスクワット（左）とレッグプレス（右）

す。自然でスムーズな動きができ、立ち上がるときに瞬発的な動きができれば、専門のスポーツで身に付けた神経回路にアクセスできています。

　このようにして、筋トレを開始したときから筋肉量を増やせるフォームに、スポーツのスピーディーな動きにつながるバリスティックトレーニングができるフォームを重ねていきます。

　しかし、バーベルを担ぐスクワットを止めて、マシンのみでレッグエクステンションやレッグカール（図4.15）、それにレッグプレス（図4.16）のバリスティックトレーニングを行う場合は注意が必要です。最近はスミスマシンの開発が進み、摩擦が少なくフリーウエイトに極力近い動きができるものもあるため、実際にそれでバリスティックトレーニングでのスクワットを行っている人がいます。いかにマシンが進展しても通常の動作に制限がかけられることには変わりはありません。したがって、これらをやり込むほどに本来持っている、専門的なスポーツの動きを司るものとは別の脳の神経回路を作ってしまう場合があ

ります。そうすると、実際の競技での瞬発的でキレのある動きを妨げることにもなりかねません。

これを避けるにも、常に基本としてはバーベルを担いで行う通常のスクワットを行うようにしてください。そのスクワットがスムーズに瞬発的な動きができ、そのうえで更なる効果を引き出すためにマシンを活用するならば問題ありません。筋肉量を増やし、またパワー発揮能力を向上させるフォームをスポーツの動きにつなげるには、主となるトレーニングはあくまでバーベルやダンベルのフリーウエイトを使用したものです。マシンは何かの理由でフリーウエイトができない場合か、補助種目として取り入れましょう。

6）ストップ＆クイックからスロー＆クイック、SSC の利用

バリスティックトレーニングは瞬間に強い力発揮を行うため、体に大きな負担をかけます。安全に行うためには十分な準備が必要です。最も重要なことは筋肉量を増やしておくことです。それによって、関節・靱帯・腱を含めた体を守ることができます。次が速さのコントロールです。

ここでは、より安全に行う方法を紹介します。

①ベンチプレス：バーを胸に付けてから一度静止します。しっかりと止めて、その状態から瞬発的な力発揮によって、一気にバーベルを押し上げます（図 4.17）。

②スクワット：一度しゃがみ込んで静止した状態から一気に立ち上がります。

図 4.17　ベンチプレス・スクワットでの最下点
ここで静止してから一気に上げる。

　このようなトレーニングを「ストップ＆クイック」と呼ぶことにします。このとき、より正確に行えるように、止めたときに手を叩いたり、掛け声をかけたりして合図を送るようにします。そうすることで、筋肉と神経の協調性を高めることができます。

　このような方法がうまくできるようになったら、次はバーベルをゆっくりと下ろし、切り返すときに素早く上げます。このようなトレーニングを「スロー＆クイック」といいます。一度止めなくとも十分にバリスティックトレーニングの効果を得ることができます。慣れてくるに従って、下ろすときには筋肉量を増やすときの10RMでの方法かやや速めにして、上げるときには最大パワーを出しながら爆発的に行うようにします。

　さらに、連続ジャンプのように下ろせば、素早く行う切り返しの瞬間に腱のバネ作用（SSC）も利用した、かなり強いパワー発揮ができるようになります。こうなると床反力も急激に上がって、少しのタイミングのズレで傷害につながったりもします。そのようなことにならないためにも、下ろすときの速さのコントロールは慎重に行わなければなりません。

7)　パワー強化のための低レップス法の課題と対策

　RM（最大反復回数）と効果を調べた結果として、1〜4RMでは筋力アップすることがわかっています。これは神経が重さに慣れることで、筋力を引き上げる方法です。筋肉量を増やすことで筋力アップする方法とは異なります。

　「パワー＝力×スピード」という公式から、パワーを引き上げるためには、筋力かスピード、もしくは両者を同時に上げなければならないことがわかります。したがって、スポーツ選手にとっては1〜4RMでの筋トレも有効ではありますが、これは筋肉量を増やすという効果はそれほどありません。

　シーズン中に1〜4RMで筋トレを行う方法の短所は以下の2つです。

　　①傷害（ケガや故障）になるリスクが高い

　　②肉体的・精神的なストレスを受ける

　たとえば、150kg／10RMで行っている人は、200kg前後で1〜4回行うことになり、かなりの肉体的・精神的な負担がかかることになります。場合によっては傷害につながることもあります。したがって、このくらいの重量を扱えるのであれば、シーズン中は50％1RMでのバリスティックトレーニング

を行うほうがよいでしょう。これで抜群のパワー発揮の効果を引き出すことができます。

4.4　筋トレと補助のコツ

1)　しゃがみとフルスクワット――骨盤帯の動き

　骨盤帯（腰椎・骨盤・股関節複合体）の動きをみてみます。

　図 4.18 のように仰向きに寝た状態で、膝を曲げ太ももが床と垂直になるところまでは、股関節の屈曲の動きだけでできます（A）。そこから更に膝を曲げていくと、骨盤が後傾（お尻の丸まり）してきます（B）。B では、股関節と骨盤の動きが 1 つにつながることで、太ももがお腹の方へ引き付けられています。B から更に曲げていくと、今度は腰椎が後弯（腰の猫背）してきます（C）。

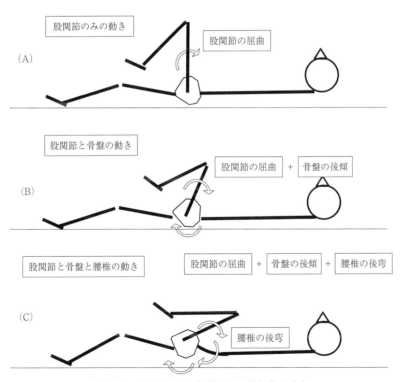

図 4.18　仰向きに寝た状態でみた骨盤体の動き

正常な骨盤帯であれば、これらの協調によって滑らかな動きを生み出すことができます。

　今度は、足の裏全体を地面に付けたままでの、しゃがむ動きをみてみます（図4.19）。正常な状態であれば、膝が直角に曲がるまでは股関節の動きだけで行うことができます。そして、太ももが直角になるあたりで骨盤の後傾が起きます。しゃがみ込んだときには、骨盤が後傾、腰椎と胸椎が後弯（丸い猫背）して、その姿勢を安定させます。

　膝が30度曲がったときには股関節も30度屈曲、膝が90度曲がったときには股関節も90度屈曲しているとされています。また膝関節と股関節には関節間協調性が存在し、重心の移動に対して姿勢バランスを最適化しているといわれています。足関節背屈の可動域が15度以下になると、しゃがみ動作が困難になるとの報告もあります。

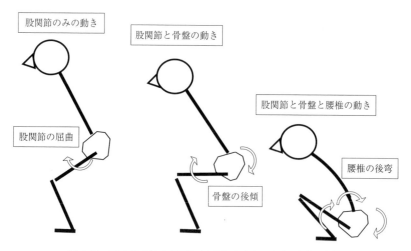

股関節のみの動き

股関節と骨盤の動き

股関節の屈曲

股関節と骨盤と腰椎の動き

骨盤の後傾

腰椎の後弯

図4.19　足の裏全体を地面に付けたまましゃがむ正常な状態

　しゃがみ動作がうまくいった成功例と、失敗して後方に転倒してしまう例を比べてみると、後者では股関節の屈曲角度が増した際に、過剰な骨盤の後傾が起こっていることがわかります（図4.20）。このような例の多くは、大腿骨と骨盤をつなぐ組織の臀筋群や、深層の回旋筋群などに柔軟性の低下がみられます（図4.21）。この硬い股関節の動きを補うために、骨盤の過剰な後傾が起こり、

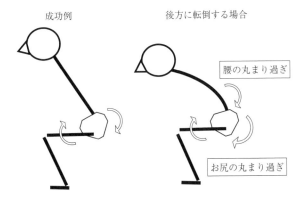

図 4.20　しゃがみ状態パラレル①（太ももが床と平行まで）

股関節屈曲角度の増加に伴って
骨盤が早期に（過剰に）後傾する例

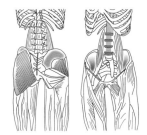

大腿骨と骨盤をつなぐ
組織の柔軟性低下

図 4.21　早期に骨盤が後傾する例

それに伴って腰椎の後弯が早期に生じてしまうため、重心が後方に偏移して後ろに転倒してしまうのです。股関節が硬い場合、骨盤周りに付いている筋肉も硬くなっています。そのため太ももが水平くらいにしゃがむときには、すでに猫背になっていて、特に腰のあたりの丸まりが大きくなり、重心が後ろにズレて転びやすくなるのです。

　しゃがみ動作の成功例と後方転倒例を比べる、別の例をみてみましょう。図4.22 は、骨盤の後傾がしにくく、腰椎の後弯が不足している場合のものです。このケースでは、足の背屈不足以外にも課題が多く、股関節の屈曲角度が増し

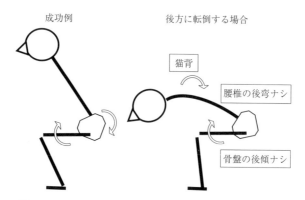

図 4.22　しゃがみ状態パラレル②（太ももが床と平行まで）

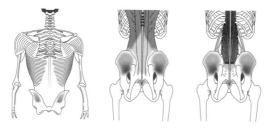

腰部と骨盤をつなぐ組織の柔軟性低下

図 4.23　股関節屈曲に伴って起こるべき腰椎の前弯現象が乏しい例

ても、骨盤の後傾と腰椎の後弯があまり生じていません。胸椎の後弯を増加さ
せて、重心を前方へ移動させているようにみえます。足首もほとんど曲がって
いないので、足首の柔軟性不足も考えられます。その他にも、股関節を曲げて
いくときに腰がまっすぐになっていて、丸みがありません。後ろに倒れないよ
うにバランスを取るために、背骨の上部（胸椎）は猫背になっています。

　このようなケースの多くは、腰部と骨盤をつなぐ組織の広背筋や最長筋、腸
肋筋、多裂筋などの柔軟性が低下しています（図 4.23）。対策としては、背筋
群の柔軟性を高めるための前曲げや後ろ反り（前後屈）を行って可動域を広げ
るということが有効でしょう。

　腰椎椎間板ヘルニアや腰椎分離症などが原因で、骨盤や腰椎の周りの筋肉が
硬くなっている場合もあり、こうなるとできることに限りがでてしまいます。
そうならないためには、日頃から骨盤帯の柔軟運動を行い、柔軟性を保つこと

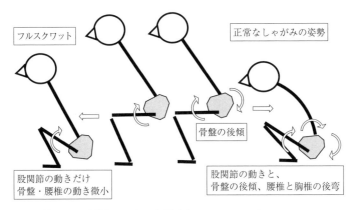

<figure>

フルスクワット

正常なしゃがみの姿勢

骨盤の後傾

股関節の動きだけ
骨盤・腰椎の動き微小

股関節の動きと、
骨盤の後傾、腰椎と胸椎の後弯

</figure>

図 4.24 正常なしゃがみと正確なフルスクワットのフォーム

が効果的です。同時に、正しいフォームでのフルスクワットを行い、筋肉量を増やすことも有効です。

　イラストでみると、正常なしゃがみと正確なフルスクワットのフォームの違いがわかりやすくなると思います（図 4.24）。正常なしゃがみの姿勢では骨盤帯の協調性がみられ、腰椎・骨盤・股関節のそれぞれの負担が分散しています。一方、フルスクワットの場合には、腰椎と骨盤はほとんど固定され、股関節の可動域が大きくなります。その分、股関節への負担が増し、その周辺の筋肉量を増やすことができるのです。

　フルスクワットでの利点は、誰が行っても骨盤・股関節周り（臀筋群や大腿四頭筋・ハムストリングスなど）の筋肉量を増やすことができることです。欠点は、腰痛のリスクが高いことです。反り腰や猫背は腰痛を引き起こします。特に体が硬い人は、その人の柔軟性に合わせた注意と工夫が必要です。

2）　スクワットでの体幹と骨盤の使い方──腰痛予防のために

　骨盤は、腰椎から連なる脊柱の一部である仙骨・尾骨と、その左右にある寛骨（腸骨・恥骨・坐骨）からなっています（図 4.25）。上半身と下半身をつなぐ重要な部分です。スクワットによる腰痛予防では、体幹の使い方と骨盤の傾斜が注目されます。

　骨盤の前後の傾きを表す指標としては、「骨盤傾斜角」（AP 角）があります。

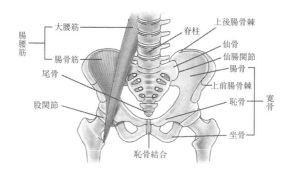

図 4.25　骨盤を形成する骨とそれを支える筋

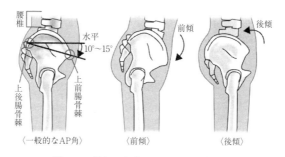

図 4.26　骨盤の傾きが歪みを引き起こす

　これは、骨盤の前端にある上前腸骨棘と、後端にある上後腸骨棘を結んだ線が、水平からどれくらい傾いているかを表します。標準的な日本人は 10 〜 15 度前傾しています（図 4.26）。

　立位の状態で体全体の AP 角をみたのが図 4.27 です。正常（標準的）な上位体よりも前傾が大きすぎても、後傾が大き過ぎても、いずれも猫背になっているのがわかります。このような姿勢だと各関節に無理な負担がかかって頚椎や背筋に疲労が溜まり、また血行も悪くなります。首の痛みや肩こり、腰痛などの原因にもなります。

　図 4.28 は、スクワットでしゃがみ込んだ状態を骨盤の傾斜に注目して比較したイラストです。腰痛を引き起こすことがよく知られているスクワットのフォームは、猫背で行うものです。基本のフォームでも、椎間板には使用重量の4 倍近くの負担がかかりますが、猫背では 10 倍ほどの負担がかかります。背

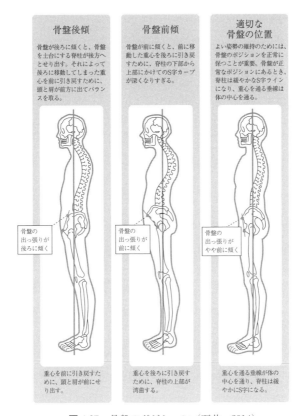

骨盤後傾

骨盤が後ろに傾くと、骨盤を土台にする脊柱が後方へとせり出す。それによって後ろに移動してしまった重心を前に引き戻すために、頭と肩が前方に出てバランスを取る。

骨盤の出っ張りが後ろに傾く

重心を前に引き戻すために、頭と肩が前にせり出す。

骨盤前傾

骨盤が前に傾くと、前に移動した重心を後ろに引き戻すために、脊柱の下部から上部にかけてのS字カーブが深くなりすぎる。

骨盤の出っ張りが前に傾く

重心を後ろに引き戻すために、脊柱の上部が湾曲する。

適切な骨盤の位置

よい姿勢の維持のためには、骨盤のポジションを正常に保つことが重要。骨盤が正常なポジションにあるとき、脊柱は緩やかなS字ラインになり、重心を通る垂線は体の中心を通る。

骨盤の出っ張りがやや前に傾く

重心を通る垂線が体の中心を通り、脊柱は緩やかにS字になる。

図 4.27 骨盤のポジション（石井、2014）

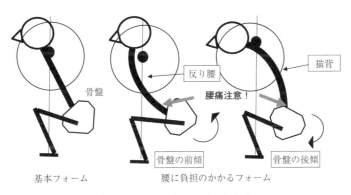

図 4.28 基本フォームと腰に負担のかかるフォーム

骨を真っすぐにすればよいだけなので、この問題は比較的簡単に解決することができます。

　腰痛になるもう1つのケースとして、猫背に過剰反応をして、反り腰でスクワットを行うものがあります。この場合、腰に強いストレスがかかり、痛みのために高重量には挑戦できなかったりします。しかし、なかには一見反り腰にみえて、何の違和感もなく高重量ができる人もいるので、見極めが必要です。見極める場合のポイントは腰椎と骨盤の関係です。立位での正常な姿勢と同じ角度でしゃがめていれば、骨盤周りの筋肉をバランスよく使うことができています。

　ここで正確なフォームを考えてみましょう。これには、おおよそ3つのパターンがあります（図4.29）。基本のフォーム（A）は、脛と背骨が平行になるものです。体幹をみてみれば、前面と後面にある筋肉群もバランスよく働いているのがわかるでしょう。

　上体を反らし気味のフォーム（B）ではやや胸を張り、下半身の大臀筋とハムストリングスがより使われます。反り腰（骨盤の前傾）は緩やかに改善されています。股関節が柔らかく、開脚が150度以上スムーズにできる人は、このようなフォームを作りやすいです。体幹前面にある大胸筋と腹筋が若干伸び、背筋は少し縮んで力を出しやすくなっています。

　上体を丸め気味のフォーム（C）では、胸を少し丸めるため体幹前面の大胸筋と腹筋は少し縮み、力発揮がしやすくなっています。猫背（骨盤の後傾）は

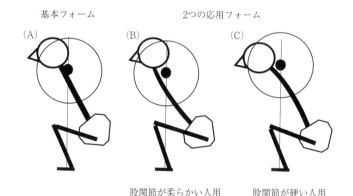

基本フォーム　　　　　　　　2つの応用フォーム

（A）　　　　　　（B）　　　　　　（C）

股関節が柔らかい人用　　股関節が硬い人用

図 4.29　正確なフォームの3パターン

緩やかに改善されています。こちらのフォームは、股関節が硬く、開脚が90度以下の柔軟性に乏しい人でも作りやすいです。

　基本フォームで行うのが理想的ですが、B、Cも正しいフォームといえます。A、B、Cのそれぞれに共通しているのは、腰椎と骨盤の関係が立位での正常な姿勢と同じかそれに近い状態であることです。くわえて、体幹にある胸・腹筋・背筋の各筋肉群の収縮に余裕があることです。股関節が極端に硬い成人の場合にはAとBのフォームには無理が出ます。またAのフォームにするために股関節の柔軟性を養うために、あまりにも時間がかかりすぎるので、Cのフォームで行うことをお勧めします。もちろん、一方で根気よく柔軟性を高めることも大切です。

　このような知識を持ってフォームの工夫をすることで、股関節が硬くとも大活躍しているアスリートもいます。

3）　スクワットでの膝の軌道

　スクワットの構えで、膝は足裏の土踏まずの中心の真上近くにあります。しゃがむに従ってつま先方向の外側へ向かう軌道で、足裏の黒丸を結んだ三角形の中に膝があれば、膝の傷害になることなく行うことができます（図4.30）。

　スクワットでは、大腿骨（股関節）を外旋させることで骨盤を押し上げます（図4.31）。このためには、しゃがむときに骨盤を後ろに引きながら、膝が足の小指側にくるようにします。しゃがみきったら、内転筋を使って膝を親指側へ動かす（内転させる）と大腿骨が外旋し、「テコの原理」で骨盤を上方へグッと素早く押し上げることができます。スムーズに立ち上がるためには、足裏全体でバランスを取り、しゃがみ込んだとき股関節を素早く内転・外旋させ、膝の蝶番関節としてのしくみをうまく使って膝を立てて重力を受け止めます。そのうえで、膝の動きの調整を行います。

　ウエイトリフターが高重量でのスクワットをできるのは、フルボトムまでしゃがんでから、絶妙のタイミングで股関節の内転と外旋をさせながら立ち上がっているからです。内転には大内転筋などの内転筋群を、外旋には大臀筋などの外旋筋群を使います。これによって、「テコの原理」が働き、素早くてキレのあるスムーズな立ち上がりが可能になるのです。

　このとき、注意しなければならないのは、膝の内転し（絞り）過ぎです。図

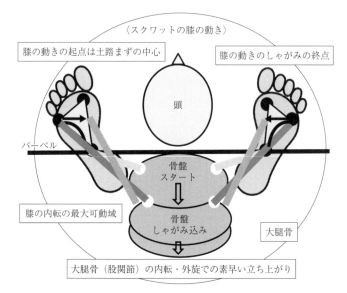

図 4.30　スクワットの膝の動き

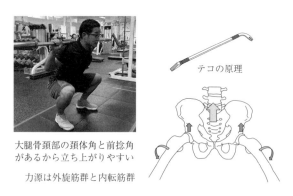

大腿骨頚部の頚体角と前捻角
があるから立ち上がりやすい

力源は外旋筋群と内転筋群

図 4.31　立ち上がり時に股関節を外旋する

4.30 で、足裏の小指から親指側に向かった→（矢印）より内側に絞ると、ニー
イン・トゥーアウト（膝が内側、つま先外側）になってしまい、膝関節に無理
な負担がかかってきます。高重量になるほど傷害を引き起こしやすくなります。
　スクワットの動きでは膝の軌道は無数にありますが、足裏の黒丸を結んだ三
角形の中で膝を動かして行うことで、安全を守りながら、より効果的なトレー

ニングを行うことができます。太ももの
（脚）の理想的な内転筋群と外旋筋群を
使った膝の軌道を曲線で示しました。図
4.30を参考にしながら、自分で立ち上が
りやすい膝の軌道をみつけてください。

　足先の方向は、正面から15～30度の
ところがよいようです（図4.32）。これ
より狭いと股関節に無理な負担がかかり、
反対に広いと安定性に欠けてバランスを
取りにくくなります。

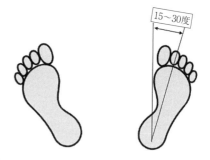

図4.32　足先の方向

4) スクワットの立ち上がりと膝の絞り

　スクワットで素早く立ち上がるときには、瞬発的な力発揮が必要です。

　股関節を正面からみると、大腿骨が付け根のところで、おじぎをしているよ
うに首を傾けています。頭の方から見下ろしてみると、頚部が前方にねじれて
いるのがわかります。頚部には「頚体角」と「前捻角」があり、釘抜きのバー
ルのような形をしています。このことが、立ち上がりのキレのある動きを可能
にしています。フルスクワットの状態からパラレルに移るときに、股関節を内
転させることで内転筋を使います（図4.33）。内転筋群は大腿骨の内側ではなく、

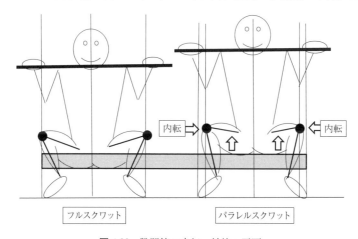

図4.33　股関節の内転・外旋：正面

裏の方に回り込んで付着しているため、内転筋が収縮すると、大腿骨が外旋さ
れ、骨盤を下から上の方に押し上げる力が生じます。

　長年、「膝を絞ってはいけない」といわれていました。しかし股関節（大腿
骨）の内転とは、膝の絞りです。正確には真上からみて、「足裏の中に膝があ
れば絞ってもよい」ということになります。ただし膝痛予防のために、ニーイ
ン・トゥーアウトにはくれぐれも注意が必要です。膝を「適切に」絞るという
技術を使うことで、高重量でのトレーニングをより効果的に行うことができる
ようになります。

　スクワットの立ち上がりをスムーズにするために重要なもう1つのことは、
「しゃがみ方」です。等速でしゃがむことはもちろんですが、パラレルからフ
ルに入るときには「ソーッとしゃがむ」ようにし、股関節を外転・内旋します。
平たくいえば、膝を小指側の外側へ開くようにします。このような周到な準備
があってはじめて、その後のスムーズな立ち上がりに膝の適切な絞りが効果を
発揮するのです。立ち上がりながら膝を絞るのではなく、膝を絞ることで「テ
コの原理」を使い、大腿骨骨頭で骨盤を押し上げます。こうすることで、釘抜
きのバールのように、実際の筋力以上の力を使うことができるのです（図

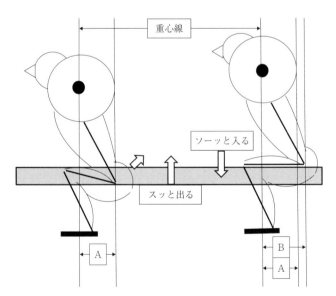

図 4.34　股関節の内転・外旋：横面

4.35）。

一番深いしゃがみのボトムで膝を絞るには、タイミングとスピードが重要です。しゃがみ込んでからほんの少し間があって絞り、それからスピーディーに立ち上がります。間をとってからの絞りと力を出すタイミングとスピードは、感覚を大切にしながら練習することによって習得します。

バールのような形状

頚部に頚体角と前捻角がある

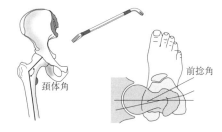

図 4.35 釘抜きのバールの作用を利用する

ただし、これは一般成人が基本的な筋トレを十分行ってから行う方法の1つです。「バールのような使い方」は、大腿骨頭と頚部をつなぐ部分に大きな曲げ応力が発揮しますので、骨が成長途中の子どもや、大腿骨頚部の骨強度が弱ってきている高齢者へはお勧めできませんのでご注意ください。

図 4.34 の網掛けの□中で、膝の開きと絞りが行われます。重心線から股関節までのモーメントアームはBがAより長くなっています。立ち上がりでのフルからパラレルまでの動きでは、これも大切なことです。

しゃがむときに、□の中に入って出るときのイメージは「ソーッと入って、スッと出る」です。

5) スクワットにおける上体の傾斜

スクワットでは足幅を踵で肩幅に取った場合、上体の傾斜はつま先と膝の向きで調整ができます。

図 4.36 のように、正面からのつま先・膝の角度を、

A：30 度ほど外側：基本フォーム

B：45 度ほど外側

C：15 度ほど外側

の3つに大きく分け、それぞれの上体の傾斜をみてみましょう。

A の場合は、股関節と膝関節、脊柱をバランスよく使い、太もも前部（大腿四頭筋）と後部（ハムストリングス：大腿二頭筋）、大臀筋、内転筋、それに背筋（脊柱起立筋）をバランスよく使っています。したがって、それらの筋肉もバラ

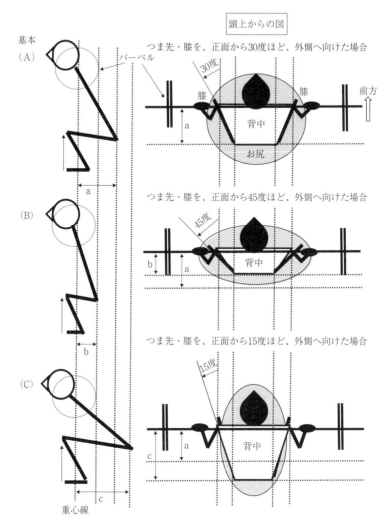

図 4.36　スクワットにおけるつま先の向きと上体の傾斜

ンスよく発達させることができます。頭上からみると、体が丸い円内に収まり、安定しているのがわかります。

　Ｂの場合、上体の傾斜がＡよりも垂直方向へ近づきます。それに伴って、重心線から股関節までのモーメントアームｂがａよりも短くなり、Ａよりも

太もも前部・後部、それに大臀筋・背筋の負担が小さくなっています。その分、内転筋にかかる負担が大きくなります。こちらを頭上からみると、横長の楕円内に収まっていて、前後に不安定です。

　Cの場合、上体の傾斜はAよりも水平方向へ近づきます。その分重心線から股関節が離れて、cがaよりも長くなり、Aよりも太もも前部・後部、それに大臀筋・背筋の負担が大きくなってきます。その分、内転筋にかかる負担は小さいです。これを頭上からみると、縦長の楕円になっていて、左右に不安定です。

　関節に対しては、Aに比べてBは股関節の負担が小さくなり、高重量になるほどに膝関節への負担が増してきます。CではAに比べると股関節の負担が大きくなり、それに伴って背骨や腰への負担も大きくなってきます。この3つのフォームをどのようにして使うかは、体の柔軟性や適性によって変わってきます。体が柔らかく腰や膝が正常な場合にはA、腰に不安がある人はB、膝に不安がある人はCで行う、といったようにです。

　スクワットを開始するときには、まずはAで行ってみます。重心が安定し、しっくりとくるようであればそのまま続けます。Aでやりにくければ、つま先と膝の向きを調整して、自分に合うフォームを見つけましょう。また、競技スポーツの動きとのつながりで、基本のAで行うよりBまたはCで行った方がよりよい動きができる場合もあります。

　足幅は、基本フォームでは「踵で肩幅」ですが、広くするほどに、つま先・膝は自然に外側へ向きます。するとBのように上体の傾斜は少なくなり、鉛直方向へ近くなります。狭くするほど、つま先・膝は正面の方へ向き、Cのように背中の傾斜は大きく、水平方向に近づきます。

　筋肉の理想的な付き方はAのフォームで行うことで期待できますが、実際にはBやCで活躍している選手もいます。どのフォームを用いたスクワットを行うのかは、体の特性（柔軟性や体型など）や競技スポーツの動きと筋トレとのつながりも考慮して選ぶべきでしょう。

　一般的なスポーツでは瞬発的な動きが重要で、そのためのバリスティックトレーニングを行ったりしますが、素早くキレのある立ち上がりのためには、バーベルの芯の軌道が常に重心線上にあることが必要です。それを外れるとバランスが崩れ、スピーディーな動きができなくなるからです。こういったトレー

ニングも行えるフォーム作りを目指しましょう。

6)　バーベルシャフトのしなりを利用するスクワット

　高重量のトレーニングでは、バーベルのシャフトのしなりを利用する方法があります。

　スクワットの場合150 kgを超えてくると、ラックからバーベルを担ぎ上げるときから、シャフトがしなっています。そこから後ろへ下がって、しゃがむための準備をします。シャフトのしなりを利用して、体とバーベルが一体化したような感じで少し揺れながら、しゃがむ前のスタート位置まで移動します。

　それからしゃがんでいきますが、重量に耐えながら等速でしゃがんでいくときには、バーベルと体が同時に、真下に向かっています。そして、一番深いところで体が静止したとき、シャフトのしなりによって両方のプレートは、まだ下向きに動いています。そして、プレートの動きが一瞬止まってから今度は逆に上向きに動きます。その間、体は静止したままです。

　このときの反作用で、バーベルが実際の重さより軽くなった瞬間に、床反力を利用して立ち上がるための力を一気に出すのです。その後は、プレートを追いかけるように、体が上がっていきます。最後まで勢いをつけたままで立ち上がった場合、シャフトのしなりによって、大きな揺れを起こし上下にブレて不安定になってしまうことがあります。そうならないためには、何回も練習を重ねて力発揮の加減を覚えることが必要です。

スクワットの準備

スタート位置　　　　　　　　クォーター　　　　　　　　　ハーフ

パラレル　　　　　　　　　　フル

しゃがむときのプレートと体の動き　体が止まった瞬間のプレートの動き

体とプレートの動きが止まった瞬間　　プレートが上向きに動く直後、力を最大に出す

シャフトが真っすぐになる　　　　　　シャフトがしなる

ほとんどシャフトのしなりがなくなる　シャフトが真っすぐになった、安定したフィニッシュ

7)　スクワットの補助

(a)　1人での補助

　まず、実施者がラックからバーベルを担ぎ上げるときには、十分な距離を取って後ろに下がってくるのを待ちます。

段階的な補助のポイント

　　　①足幅1つ分、後ろに下がって適切な距離を取ります。足幅は実施者のつま先の真後ろに踵がくるくらいにして、大きく開きます。手は実施者のお腹に回し、体（背面）に触れないようにして構えます。補助者と実施者の間には、少しの隙間を空けます。

　　　②実施者のしゃがむタイミングに合わせ、上体を同じ傾斜にして、少しの隙間を保ちながら同時にしゃがんでいきます。手は軽く実施者のお腹に添えておきます。

　　　③実施者の体幹の支えとなるように、手でお腹を支えながら前腕の内側をあばら骨に当てます。補助者自身、体幹が真っすぐになってスクワットを行い、上げるための最終的な準備をします。

　　　④しゃがみ込んでから立ち上がるときには、実施者が自力で立ち上がる直後の瞬間をとらえて、手と前腕をしっかりと実施者に付けて力を入れて、体幹が前傾しないようにして引き上げ、実施者と一緒に立ち上がります。手は立ち上がるスタート位置の①（p. 146）まで、実施者のお腹に添えておき、安全を確認してから、そっと離して①の状態に戻ります。このときはバーベルの芯の軌道が、いつも鉛直方向になるようにします。

　補助するときに気をつけることは、実施者の安全を守って行うことです。p. 148上段の写真のようなやり方では、実施者のフォームが、バーベルの芯の軌道が鉛直から外れて、前後に崩れてしまうことがあります。それだけでなく補助者のフォームも崩れて、実施者の急なフォームの崩れに対応できなくなります。

　補助者と実施者は適切な距離を保たなければなりません。離れ過ぎないようにするだけでなく、実施者の背中に胸やお腹を密着し過ぎて、動きを妨げないように気をつけてください。写真を参考にして、十分に余裕のある重量を用いて、補助の練習を繰り返し行いましょう。

まず、実施者がラックからバーベルを担ぎ上げるときには、十分な距離
を取って後ろに下がってくるのを待つ。

　①スタート　　　　　②クォーター　　　　　③ハーフ　　　　　④パラレルからフル

動きを妨げないように、少し隙間を作る

適切な距離を取る　　　　　上体を同じ傾斜にして、同時にしゃがむ

段階的な補助のポイント

同じフォームを取る　　　　一緒にしゃがみ込み、手でお腹を支える

背中を真っすぐに保つ　　　手をお腹に添える　　　包み込むような姿勢になる

離れ過ぎで手上げになってしまい、高重量に対応できない

胸の前で指を組む　　　　　手で胸の外側を支える　　　　　上からバーを握る

（b）　2人での補助

　両サイドについて、2人で補助を行う場合には、足幅を広めにとって構えます。お互いに、バーベルが床と水平になっている状態を保ちます。高重量での緊張したトレーニングでは実施者が潰れた瞬間に、補助者がバランスを崩して引き上げる場合があり、腰痛の原因になります。

　バランスを取りやすくするには実施者も含めて3人で、事前に打ち合わせをして確認し、実施者がしゃがむときに、2人の補助者も同時にしゃがむようにします。そして2人共に、バーベルを水平に保つように意識をして行います。

バーが水平になった状態で引き上げる　　　バーが傾くと傷害になる危険性がある

(c)　3人での補助

　1人と2人での補助を組み合わせると3人での補助ができます。このときは、1人で行う補助がメインで、両サイドはもしものときに備えます。実施者が力を出し切り、後ろの補助者だけでは、立ち上がれないようなときには、両サイドの補助者が一緒になって引き上げます。補助の3名が、一緒になって、実施者の安全を守ります。

3人で行う場合の正確な位置　　　　　　　一番深いところでの補助

終わったら3名でしっかりとサポートする

8)　ベンチプレスの補助

(a)　1人での補助

①足幅を肩幅より少し広めに取り、腰を少し後ろに引いて安定した状態で
立ちます。バーの手幅は肩幅の広さで、深めに包み込むようにして軽く
握り、動きの妨げにならないようにします。

②体幹を真っすぐにして前傾しながら、肘を適度に曲げてバーに手を添え
ておきます。そしてバーが胸に付いた直後の浮き上がる瞬間に、バーを
しっかりと握り、引き上げます。理想的な引き上げ方は、補助されてい
るのがわからないくらいに自然な引き上げです。

　注意するのは、実施者のバーの軌道を守りながら引き上げることです。軌道
を外してしまうと、補助者に強い負荷がかかり、実施者が出している力が急に
抜けてしまいます。こうなると、下げるときに肩や腕に負担がかかり過ぎて痛
めてしまったりします。したがって補助する前に、実施者の軌道をしっかりと

補助者は実施者がバーベルを胸に付けたとき、力を入れて引き上げることができ
る位置に立ちます。

①腰を少し引いてバーを軽く握る　　②実施者のバーの軌道に沿って引き上げる

スタート時の補助の構え（前後）

バーが胸に付いた状態

腕が鉛直になっている

腕が頭の方へ傾いている

覚えておき、その軌道を大切にしながら補助します。

（b）　2人での補助

　スクワットの場合に準じて行います。バーベルが傾くと肩や肘の傷害につながることがあります。バーベルを胸まで下ろすときには、補助者も一緒に膝を曲げ、腰を落とすようにして、正確で丁寧な補助を行いましょう。

補助の打ち合わせを行う

左右のバランスが取れた補助

バーが傾くと傷害になる危険性がある

(c)　3人での補助

　スクワットに準じて行います。3名が呼吸を合わせて行うことで、安全が守られます。そして、実施者は安心して補助者に身を任せて全力を出して、自力では得られない効果を手に入れることができます。

スタートでの3人の構え　　　　　　　　バーが胸に付いた状態

9)　ラットマシンプルダウンと広背筋の動き

　広背筋には、下記の4つの働きがあります。

　　　①肩の水平外転：腕を水平に上げて前から後ろに動かす

　　　②肩の後方拳上（伸展）：前に上げた腕を下方に引く

　　　③肩の垂直内転：「バンザイ」から真横に腕を下ろして「気をつけ」までの動きで、大胸筋も同時に使われる

　　　④肩の内旋：肩を内側へひねるように回す動きで、大胸筋も同時に使われる

　広背筋の種目の、ラットマシンプルダウンやチンニング（懸垂）では、この

垂直内転

ラットマシンプルダウン

　なかの③を主に行っています。ラットマシンプルダウンや懸垂での広背筋の動きは上の垂直内転の写真と同様なものです。ラットマシンプルダウンの動きでは肩の「垂直内転」に、肘を曲げる動き（屈曲）が入ります。このとき、広背筋の可動域をできるだけ大きくするには、肩関節の「垂直内転」をできる限り大きく行います。

　左右の腕を平行にしてバンザイした状態からバーを引き下げるのが一番大きな動きですが、これでは肘の曲がりが最大になって、腕を主導筋として使ってしまい、広背筋の動きを妨げます。そこでラットマシンプルダウンの手幅は、ベンチプレスの手幅と同じように、肩幅より手の幅1つ分（肩幅の1.6倍）ほ

手幅の基本　　　　　　　　　　　　　　腕に効く手幅

ど広くします。このようにすることで、広背筋をメインに使うことができます。

　今度はこの肩の動きに、肩甲骨の動きを加えてみます。肩甲骨の動きには、①挙上・下制、②外転・内転、③上方回旋・下方回旋の３つがあります。ラットマシンプルダウンでは、これらの動きをすべて使います（図 4.37）。そのなかでも、③の「上方回旋・下方回旋」がラットマシンプルダウンやチンニングの特徴的な動きです。同じ広背筋の種目であるベントオーバーロウやケーブルロウ（フロアープーリ）などは、②の「外転・内転」が主な動きです。すなわち、ラットマシンプルダウンでは、③を主動作としながら、①と②もうまく取り入れたものが、最も効果的なフォームといえます。

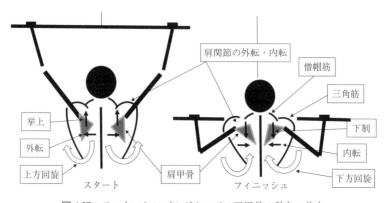

図 4.37　ラットマシンプルダウンでの肩甲骨の動き：基本

ラットプルダウンマシン時の肩甲骨の動きの実際

　このとき、肩甲骨を下制することなく挙上したままでバーを引き下げること
には、気をつけなければなりません（図4.38）。このような動きでは、肩甲骨
の内転と下方回旋が中途半端になり、主に腕力で引き下げることになります。
トレーニングの現場で、よくみかけることがあります。

　また、ラットマシンプルダウンのとき、真横からみて上体が過度に後ろへ倒
れている人がいます（図4.39）。上体を後ろに倒すと、太ももに当てているパ
ッドから鉛直に引いた線よりも、グリップまでの垂直距離が長くなります。す
ると、高重量を扱うことができる反面、広背筋への刺激が少なくなってしまい
ます。過度に倒れてしまうと、ベントオーバーロウを行っているようになり、
肩甲骨の内転が主動作になるのです。

　ラットマシンプルダウンで注意すべき点は、これを含めて3つほどあります
（図4.40）。

　　①スタート時の上体の倒し過ぎ

　　②背中の丸まり

　　③首に引き付ける

　①スタート時に上体を倒し過ぎると、肩甲骨の下方回旋が小さくなって、ベ
ントオーバーロウのような内転の動きに近づきます。また、肩関節は水平外転
に近くなります。②背中が丸まると、肩甲骨の内転が小さくなり、下方回旋も
うまくできません。その分腕力を使って引き下げることになります。③首に引
き付ける動きは、三角筋後部によく効きます。しかしその分、肩甲骨の下方回

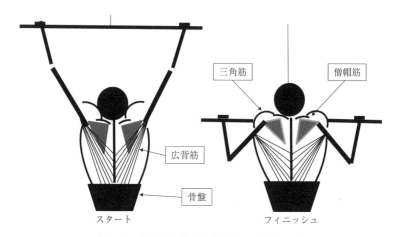

図 4.38　肩甲骨を挙上したままでの引き下げ

旋や下制はうまくできなくなります。①～③のいずれの場合にも、広背筋にかかる刺激が不十分になります。

　ラットマシンプルダウンでは上述のように、肩や肩甲骨を大きく外転した状態から、内転させることで広背筋の可動範囲をできるだけ大きくします。このとき肘関節も同時に曲がります。肘は蝶番関節で自由度が高いので、ラットマシンプルダウンでは、常にワイヤーと手首・肘（前腕）のラインは一直線上になるようにします。肘が後方に引けてバーを抑え込むようにすると、ねじれが生じて肘の内側に過度の負担をかけ、肘を痛めてしまう場合があるので、十分な注意が必要です（図 4.41）。

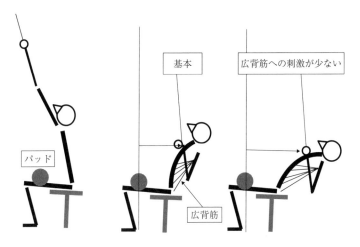

図 4.39 上体の後ろへの傾斜と広背筋への刺激

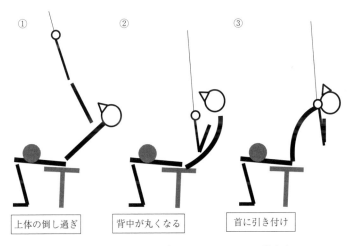

図 4.40 ラットマシンプルダウンでの 3 つの注意点

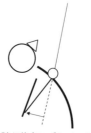

引き切ったときの肘の位置　　　　　肘が後方にズレている

図 4.41　過度な負担のかかる肘の位置

　ところで、肩甲骨を背骨側へ引き付ける内転や下に下げる下制、下に回す下方回旋では、主に僧帽筋や菱形筋群が働いていて、実は肩甲骨の動きそのものには広背筋は働いていません。しかし、広背筋を発達させるには、肩の土台となっている肩甲骨の動きがとても重要です。僧帽筋や菱形筋群の力を借りることで、広背筋を最も発達させるための動きができるのです。筋肉の奥深さには、興味が尽きません。

第 5 章　トレーニングプログラムの実際と工夫

　筋トレを行うときには、種目を選び、順番を決めます。そしてトレーニング処方（頻度・時間・強度）を作ります。本章では、各年代やレベルに合わせた基本と応用のプログラムを紹介し、気をつけるポイントを挙げます。

　男女差については、重量で調整ができます。老若男女誰もが、ここで紹介する流れに沿って、安全を最優先にして効果を上げながら、各年代を健康に過ごしてほしいと思います。そして、ひきしめや子どもたちの成長・発育促進、老齢者の老化予防、健康増進などの健康づくりに、またスポーツでの活躍に役立ててほしいです。

5.1　基本プログラムの設定

　1）幼児（自重：2 ～ 6 歳）
　2）小学校低・中学年（自重：6 ～ 10 歳）
　3）小学校高学年・中学生（自重とダンベル：10 ～ 15 歳）
　4）高校生（バーベルまたはダンベル：15 ～ 18 歳）
　5）一般人初級者（自宅用：ベンチ台とダンベル：18 ～ 40 歳代）
　6）一般人初級者（ジム用・フリーウエイトとマシン：18 ～ 40 歳代）
　7）高齢者・体力低下の人（自重と軽ダンベル：50 歳以上）

1）　幼児（自重：2 ～ 6 歳）

　大人が付き添って、できるだけ外で遊ばせるようにしましょう。公園や芝生の安全なところで、歩く、走る、投げるといった基本的な動きを、遊びの中で正しく覚えるようにします。遊んだ後はお腹が空き、食欲が増してきます。そしてよく眠るようになります。適切な運動で丈夫な体を作ります。

順	種目	部位	回数×セット数
1	スクワット（椅子の背利用）	脚	10 × 1
2	フロントランジ（歩幅小）	脚	10 × 1
3	アームレッグクロスレイズ（腹這）	背	10 × 1
4	ぶら下がり	腕	10 × 1

処方
頻度：週2～3回　時間5～10分　強さ：10回余裕を持ってできる

- 遊びの感覚で行います。
- 自然な正しい動きを身に付けるようにします。

2） 小学校低・中学年（自重：6～10歳）

　ゴールデンエイジのこの時期は、正しい筋肉の使い方や関節の使い方を覚えることが大切です。たくさんの運動プログラムを獲得できるピークのころなので、幼児期以上に身体を使って遊ばせましょう。スポーツを始めさせる時期としても最適です。

順	種目	部位	回数×セット数
1	ヒンズー・スクワット	脚	10 × 1
2	フロントランジ	脚	10 × 1
3	プッシュアップ（膝付）	胸	10 × 1
4	プッシュアップ（膝立）	胸	10 × 1
5	アームレッグクロスレイズ（膝立）	背	10 × 1
6	グッドモーニング（おじぎ）	背	10 × 1
7	斜め懸垂	背	10 × 1

処方
頻度：週2～3回　時間：10～15分　強さ：10 RM

- 正しいフォームを覚えます。錘（おもり）は持たずに、自分の体重を利用して行います。
- ゆっくりと10回ギリギリできるような動きで、深呼吸するようにして行います。
- 10歳ごろから筋トレの効果が現れるようになりますが成長期と重なり、重たいものは持たないように注意します。

3） 小学校高学年・中学生（自重とダンベル：10～15歳）

　速筋線維と遅筋線維の筋肉の機能分化が生じた後で、大人と同じような筋ト

レ効果が少しずつ現れるようになります。しかし、成長期と重なる時期ですから、いきなり大きな負荷をかけないようにしましょう。中学生になったら、軽いバーベルなら使っても構いません。

順	種目	部位	回数×セット数
1	ダンベル・スクワット	脚	10 × 2
2	プッシュアップ	胸	10 × 2
3	グッドモーニングまたはダンベルベントオーバーロウ	背	10 × 2
4	スタンディング・ダンベルプレス	肩	10 × 1
5	ダンベルカール	腕	10 × 1
6	クランチ	腹	10 × 1

処方
頻度：週2〜3回　時間：10〜15分　強さ：10 RM

- 正しいフォームを覚え、自分の体重や軽いダンベル（1〜4 kg）を使って行います。
- ゆっくりとした動きで、筋肉に効く感覚を覚えるようにします。
- 慣れてきたら少し重量を上げて、深呼吸するようにして、10 RM でのスロトレを行います。
- 成長期にはプラスマイナス2年ぐらいの個人差があり、成長・発育を妨げないように注意します。
- 重量に挑戦するのはまだ控えます。

4）　高校生（バーベルまたはダンベル：15〜18歳）

筋力強化をしっかり念頭においてトレーニングしましょう。筋トレによって、筋肉が太く、強くなっていくのが自分で確認できるようになります。大人と同じような筋トレの効果が期待でき、バーベルやマシンを使ったトレーニングにシフトしても構いません。ただし、まだ成長が続いている人もいます。そのような人は、成長が止まるまで重量には挑戦しないで、余裕を持って行えるようにします。

自宅や部活動用として、バーベルを使った種目を紹介します。スクワットラックやベンチ台があれば行うことができる種目です。

順	種目	部位	回数×セット数
1	スクワット	脚	10 × 2 ～ 3
2	ベンチプレス	胸	10 × 2 ～ 3
3	ベントオーバーロウ	背	10 × 2 ～ 3
4	バックプレスまたはスタンディング・ダンベルプレス	肩	10 × 2
5	カール	腕	10 × 2
6	シットアップ	腹	10 × 1

処方

頻度：週2～3回　時間：10～30分　強さ：10 RM

- 正しいフォームで、バーベルやダンベルの使い方を覚えます。
- 最初のうちは軽めの重量を使って、目的とする筋肉を意識し、大きな動きでゆっくりと丁寧に行います。
- 慣れてきたら徐々に重量を上げていき、10 RM での重量に挑戦できます。
- まだ成長している場合があり、個人差に合わせて重量を調整し、注意して行います。

5)　一般人初級者（自宅用：ベンチ台とダンベル：18 ～ 40 歳代）

　はじめて筋トレを行う場合には、トレーニング理論の理解のために専門書を読むことはもちろんですが、専門家の指導を受けることをお勧めします。その後、より安全に、より効果的に正しく実践し続けることができます。

順	種目	部位	回数×セット数
1	ダンベルプレス	胸	10 × 2
2	ダンベルフライ	胸	10 × 2
3	ダンベル・ベントオーバーロウ	背	10 × 2
4	スタンディング・ダンベルプレス	肩	10 × 2
5	ダンベルカール	腕	10 × 2
6	ダンベル・スクワット	脚	10 × 2
7	クランチ	腹	10 × 1

処方

頻度：週2～3回　時間：20分　強さ：10 RM

- 正しいフォームを、しっかりと覚えるようにします。
- 大きな動きで、ゆっくりと丁寧に行います。
- 慣れてきたら徐々に重量を上げて、10 RM で行います。
- ダンベルの場合、正しいフォームを覚えるのに時間がかかりますので、安

全を最優先して行います。

6) 一般人初級者（ジム用・フリーウエイトとマシン：18 〜 40 歳代）

ジムに通って、フリーウエイトやマシンの正しいフォームを習うことができます。専門の指導者について自分の体に合わせたフォームも、きめ細やかに紹介してもらえます。

順	種目	部位	回数×セット数
1	（バーベルまたはダンベル）ベンチプレス	胸	10 × 3
2	ペックデックフライ	胸	10 × 2
3	ラットマシンプルダウン	背	10 × 2
4	フロアープーリー	背	10 × 2
5	バックプレスまたはスタンディング・ダンベルプレス	肩	10 × 2
6	（バーベルまたはダンベル）カール	腕	10 × 2
7	（バーベルまたはダンベル）スクワット	脚	10 × 3
8	シットアップ	腹	10 × 1
9	バックエクステンション	下背	10 × 1

処方
頻度：週2〜3回　時間：30分　強さ：10回できる重さ

- フリーウエイト（バーベルとダンベル）とマシンでの正しいフォームを覚えます。
- 指導者のアドバイスを受けて、より自分の体に合ったフォームを身に付けるようにします。
- ゆっくりと動かし、目的とする筋肉を意識しながら行います。
- 3ヵ月ほどして慣れてきたら重量に挑戦し、10 RM でのトレーニングを行います。
- 安全を最優先にして、効果を上げることに集中します。

7) 高齢者・体力低下の人（自重と軽ダンベル：50 歳以上）

高齢者や運動不足、病後の体力低下の人では、バーベルを使った一般的なトレーニングでも、刺激が強過ぎる場合があります。そこで自重や1〜4kgの軽ダンベルを使った、健康づくりとしてのスロトレが有効になります。初心者の場合には、専門家の指導を受けることをお勧めします。ある程度慣れてきたら自宅において、自分のペースで行うことができます。

順	種目	部位	回数×セット数
1	スクワット（自重または軽ダンベル）	脚	10 × 1
2	グッドモーニング（自重または軽ダンベル）	背	10 × 1
3	プッシュアップ（膝付）	胸	10 × 1
4	プッシュアップ（膝立）	胸	10 × 1
5	スタンディング・ダンベルプレス	肩	10 × 1
6	ダンベルカール	腕	10 × 1
7	ダンベル・トライセプスプレス・スタンディング	腕	10 × 1
8	クランチ	腹	10 × 1
9	腕振りクランチ	腹	10 × 1

処方
頻度：週2〜3回　時間：5〜10分　強さ：10 RM

- 体に無理がなく、正確なフォームを身に付けるようにします。
- ゆっくりと深呼吸しながら、できる範囲の大きな動きで、スロトレを行います。
- 慣れてきたら、徐々に少しきつめのスロトレを行います。
- 体調に気をつけながら安全を優先し、効果を上げていくようにします。

5.2　基本プログラムの処方と工夫

1）　処方の3要素

「強度・量・頻度」の3つを、「トレーニング処方上の3要素」といい、トレーニングを行うときに、まずこの3つのことを決めなければなりません。

　　①どれくらいの重さを使うのか？（強度）

　　②どれくらいの量を行うのか？（時間・セット数）

　　③週に何回行うのか？（頻度）

これらの質問に答えることが、トレーニングの処方をするということです。特に量に関しては、注意が必要です。各トレーニング種目をそれぞれ何セット行うのかを決めますが、種目を行うときの速さやセット間の休み方で時間が変わってきます。筋トレをスポーツの補強として取り入れるときには、技術練習や走り込みや体幹トレーニングといった、筋トレ以外の補強運動とのバランスを考えて時間管理を行う必要があり、筋トレの時間をあらかじめ決めた方が現実的です。量＝時間と考え、時間を具体的に決めたうえで、セット数を設定し、行う方法がよいでしょう。

────── 最大筋力のいろいろ ──────

最大筋力は、実際には以下の3種類があります。

　①短縮性最大筋力
　②等尺性最大筋力
　③伸張性最大筋力

　1回やっと上げることができる（コンセントリックの）場合を**短縮性最大筋力**での1RM、動きが止まったままで1回やっとこらえることができる（アイソメトリックの）場合を**等尺性最大筋力**での1RM、1回やっとこらえながら下ろすことができる（エキセントリックの）場合を**伸張性最大筋力**での1RMといいます。同じ1RMでも、このように3種類があります。

　興味深いのは、1回やっと上げることができる重量を10kgとすると、1回やっとこらえることができる重量は12kgほど、1回やっとこらえながら下ろすことができる重量は、なんと14kgほどにもなることです。補助を利用したり（フォーストレプス法）、反動をつけたり（チーティング法）で、コンセントリックで上げられる以上の重さを上げてから、それに耐えながら下ろすのは、エキセントリックの特徴を活かした、より重い負荷を筋肉にかける方法なのです。

　たとえば、スクワットにおいては、1回やっとこらえながら下ろすことができる重量が140kgの場合、その75%に当たる105kgという重量を10回やっと行うことができる計算になります。140kgでは1回も立ち上がることができません。そのような重量を下ろしながらであれば、こらえることができる能力を人間は持っています。

　このように自力では立ち上がれない重量を使って、こらえて下ろしながら10RMでトレーニングを行うことを考えてみましょう。この場合、筋肉が持っている限界の筋力に近づく強烈な刺激によって、傷害を引き起こすケースが多くなってしまいかねません。では、それを実際のトレーニングに取り入れるためには、どのようにすればよいでしょうか。

　安全を最優先しながら、最も効果を引き出す標準的な方法は次のようになります。まず1セットを10回行う場合、75kgを80kgに増やして8回行います。そして、補助を入れて2回をこらえて下ろすようにするのです（表5.1「1RMに対する割合と最大反復回数と主な効果」を参考）。補助を行う場合は3回までが基本です。同様の方法は、ベンチプレスやその他の種目でも行えます。

　ただし、このように伸張性最大筋力を利用する方法は、中・上級者用のトレーニングになります。初心者の場合には、短縮性最大筋力を利用して、自力でしっかりと10回上げることができる重量で行います。

2)　強度の基準としての RM（アールエム：最大反復回数）

　筋トレの実践は、重さを決めることから始まります。強度は、負荷の強さを重さ（kg）で表します。たとえば、ある人は 100 kg でトレーニングすることができますが、ある人は動かすこともできません。使用する重さの基準が必要なのです。

　これには「最大筋力」という基準を使用します。1 回しか上げることのできない「最大筋力」は「1 RM（アールエム）」といいます。5 回やっとできる場合は 5 RM です。「RM（Repitition Maximum）とは、「最大反復回数」のことです。実際にベンチプレスやスクワットを行って、やっと 1 回上げることができる重さを知ることができます。これが 1 RM での「最大挙上重量」です。

　実際に、フリーウエイト（バーベルやダンベル）で 1 RM を測るために、1 回限界の重量に挑戦することは、ケガや事故のリスクを抱えています。そこで、10 回ほどできる重量を目安にして、1 RM のおおよその値を計算することができます。例として、40 kg で 8 回繰り返すことができたら、その重さは 1 RM の 80％ に相当するため、40 kg ÷ 0.8 = 50 kg、つまり、その人の 1 RM（最大筋力 = 100％）は 50 kg と推測できます。80％ 1 RM というのを 8 RM ということがあります。

　筋肉を太く大きく強くするには、「10 回ギリギリできる重さ」で行いますが、これは「限界まで行ってギリギリ 10 回できる」という基準で強度を決めることです。人によって、80 kg だったり、60 kg だったりします。

3)　強度と主な効果

　筋トレで期待できる効果としては、
　　①筋力（神経系）の増大
　　②筋肥大・筋肉量の増大
　　③筋持久力の増大
の 3 つに分けられています。

　表 5.1 は、1 RM に対する割合と最大反復回数（RM）を一覧にしたものです。筋力アップ、筋肉量アップ、筋持久力アップのどれを目的とするのかによって用いる重さが違うので、表を参考にして、目的に合った重量をしっかりと意識して決める必要があります。

表 5.1　1RM に対する割合と最大反復回数（RM）と主な効果

％ 1 RM	最大反復回数 RM	主な効果	特徴
100%	1 回	筋力アップ（神経系）	回数が少なく、強度が強過ぎて、筋肉量を増やす効果が少ない
95%	2 回		
93%	3 回		
90%	4 回		
87%	5 回	筋肉量アップ	8 ～ 12 RM が最適な回数
85%	6 回		
80%	8 回		
77%	9 回		
75%	10 回		
70%	12 回		
67%	15 回		
65%	18 回	筋持久力アップ	強度が弱過ぎて、筋肉量を増やす効果が少ない
60%	20 回		
60%以下	20 回以上		

※トレーニング経験などによって、誤差が生じることがある。

　多くの実験によって、「1 RM の 60％以下の軽い重量では、筋力は伸びずに筋持久力が伸びる」と明確に結果が出ています。重量がこれより重くなれば、筋肉量が増えて、筋力もアップしてきます。さらに、おおよそ 1 RM の 90％を超える重さになると、筋肉量は増やさずに筋力を伸ばすことができます（ただし、このような負荷（使用重量）と効果の関係は、まだ完全には解明されていません）。

　太くする効果を出すのであれば、1 RM の 70 ～ 80％の重量で、8 ～ 12 回を繰り返すことになります。筆者の場合、キリがよいところで、10 RM でのトレーニングを基本としています。

　筋肉は速筋線維と遅筋線維でできており、それらは筋線維の集団としての運動単位（速筋や遅筋）で成り立っています。図 5.1 は、トレーニング中に、使用重量（負荷）を変えていくと、どのような運動単位が使われているのかを、筋電図を用いて測定したもので、以下のことがわかります。

　①負荷が小さいときには、遅筋線維が使われる。

　②負荷を増やしていくと、速筋線維の運動単位が動員される。

　③負荷が最大筋力（1 RM）あたりになると、速筋・遅筋の運動単位が全部使われる。

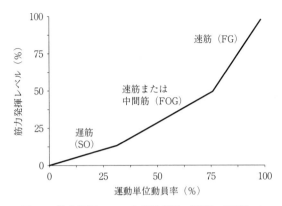

図5.1　筋力発揮レベルと運動単位（速筋・遅筋）の
動員率（石井、1999）

　速筋や遅筋を作っている運動単位とは、「運動神経とそれが直接支配する筋
線維の集団をまとめたもの」です。速筋線維は大きな運動単位で、大きな力を
出してくれます。遅筋線維は小さな運動単位で、姿勢の維持や細かい作業に使
われます。筋肉が力を出しているときに、かかる負荷のレベルを上げていくと、
小さな運動単位（遅筋）から大きな運動単位（速筋）へ運動単位が移っていく
ことを、「サイズの原理」といいます。

　図5.1から、「1RMの70〜80％を上げる」と速筋線維が使われるというこ
とがわかります。すなわち筋肉を太く大きく、強くして、筋力をアップするに
はこの程度の重量を上げることが必要なのです。軽い重量のトレーニングでは、
遅筋線維が使われ、速筋線維は活動していません。

4)　トレーニング容量（ボリューム）

　一般的にスポーツ選手は、技術練習や走り込みなどの補強運動を含めた練習
全体の時間の中で、筋トレを行う時間をあらかじめ決めて行います。そこで、
適切なセット数を決める際には、強度（＝負荷の大きさ）と組み合わせて考え
なければなりません。重たい重量を使ってトレーニングする場合にはセット数
を少なくし、少し軽めの重量を使う場合には、セット数を増やして行います。
すなわち、セット数の決め方は、ケースバイケースなのです。

　セット数を決めるためのものとして、「トレーニング容量（ボリューム）」と

いう基準があります。

　バーベルやダンベルを用いて、低い位置から高い所へ持ち上げると、力学でいう「仕事をする」ことになります。ボリュームとは、トレーニングで外に向かって成したこの「仕事量」（運動エネルギー消費量）を全部足し合わせたものです。100 kg のバーベルを 50 cm 上に持ち上げる。これを、10 回繰り返すと、ボリュームは 100 ［kg］× 重力加速度 × 50 ［cm］× 10 ［回］となります。

　このボリュームを基にして、負荷（使用重量）とセット数を決めるのです。目的に合わせて負荷をコントロールしながら行います。異なる重さでだいたい同じボリュームを上げるとすれば、たとえば

　　100 kg × 3 回 × 3 セット = 900 …… ①

　　80 kg × 10 回 × 1 セット = 800 …… ②

となります。しかしその質、効果は両者の場合違います。①の場合は筋力アップであり、②の場合は筋肉量と筋力アップになります。トレーニングの目的をしっかりと頭に置いて、何を重視するかを意識してプログラムを組み立てましょう。また、1 ヵ月のボリュームをあらかじめ決めておくことで、長期的なトレーニング計画を立てることもできます。

　ボリュームという基準を考えることは、オーバートレーニング（トレーニングのやり過ぎ）や、トレーニング不足を判断するためにも非常に重要です。オーバートレーニングの兆しが出始めたら、トレーニングを一時中断するか、

　　①強度を落とす

　　②セット数を減らす

　　③頻度を減らす

という 3 つのなかからボリュームを落とす処方を行って、ケガや故障を引き起こさないようにすることができます。

5)　頻度を決める

　一般にトレーニング科学でいう「頻度」とは、「1 週間当たりのトレーニング回数」をいいます。トレーニング効果を出すために、これはとても大切なことです。しかし、そこには万人に共通する答えがありません。

　頻度は一般的には「週に 2 ～ 3 回」といわれ、筆者もそのように指導しています。しかし、これは絶対的なものではありません。初心者の場合、疲労が回

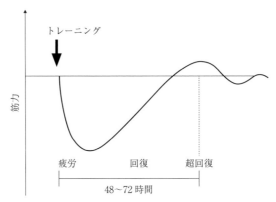

図 5.2　トレーニング時と休息時における活動能力
（たとえば筋力など）の変化（石井、1999）

復するまでに1ヵ月くらいかかる場合があります。ところがトレーニングを続けることで、回復する期間がどんどん短くなり、最終的には2〜3日/週になってきます。図5.2を見てください。

　このグラフによると、筋トレを行った後、筋力は48時間から72時間の間で超回復が起きています。理論的には、トレーニングによって低下した筋力が徐々に回復し、元の筋力レベルを超えた（超回復）時期を的確にとらえて、次のトレーニングを行うのがよいでしょう。しかし、いつ超回復が起きているのかを知ることは、なかなか難しい問題です。

6)　オーバートレーニングとトレーニング効果の現れ方

　オーバートレーニングかどうかの判断は、ベテランのトレーニングの経験者でも難しいことです。「疲労を感じるのは気持ちが入っていない証拠」など精神論が入ってくると、さらにややこしくなります。オーバートレーニングの判断は、非常に個人差があります。なかには、「オーバートレーニング（ワーク）はない」と思っている人もいます。できるだけ客観的な視点で考えると、オーバーワーク時の特徴としては、

　　①トレーニング時に、非常に疲れている

　　②一生懸命に行っても効果が出ない

などのことがあるようです。

―――――― **筆者（髙西）の事例** ――――――

　筆者は現在 67 歳（2022 年現在）です。19 歳から筋トレをスタートして、40 年以上、試行錯誤を繰り返しながらトレーニング処方（頻度・強度・時間）を変えてきました。このうち頻度に関しては、かなりの変化をしています。特に記憶に残っているのは、40 歳・50 歳・60 歳の各年齢になったばかりの頃です。この頃、予期せぬケガや故障をした記憶があります。そのたびに、トレーニング処方を見直し、ボリューム（重量・回数・セット数）を調整してきました。

　今では、トレーニングプログラムを 4 分割して、1 週間（7 日）に 3 回（基本：月・水・金）のペースで、ボリュームを調整しながら行っています。4 分割の内容は、以下のようになっています。

　　①胸・腕（上腕三頭筋）・腹筋・首
　　②背中・腕（上腕二頭筋）
　　③肩・腕（上腕三頭筋）・腹筋・首
　　④脚・腕（上腕二頭筋）

　胸や背中、脚といった大きな筋肉は、10 ～ 14 日に 1 回のペースで行っています。腕は、上腕二頭筋と上腕三頭筋を、日を分けて、5 ～ 7 日に 1 回のペースです。各時間は、30 分～ 1 時間程度です。これが、筆者の今の体には合っているようで、現在のところ、とても快適なトレーニング生活を送ることができています。

　各年齢別に、振り返ってみると、大まかに下記の表のようになりました。

	頻度 （日／週）	分割	時間	休み（回数／週）
20 代	6 日	2 分割	2 時間以上	1 回（日）
30 代	6 日	3 分割	2 時間	1 回（日）
40 代	4 ～ 5 日	4 分割	1.5 ～ 2 時間	2 ～ 3 回（水・(土)・日）
50 代	4 日	4 分割	1 ～ 1.5 時間	3 回（水・土・日）
60 代	3 日	4 分割	0.5 ～ 1 時間	4 回（火・木・土・日）

　この間、使用重量は大きく変化し、今ではピーク時よりも大幅に落ちています。しかし、快適さはそれほど変わっていないように思います。健康でいられることの幸せを感じます。

　頻度を決める基本的な考え方を説明します。胸や背中、脚といった大きな筋肉（大筋群）については、一度疲労するまで追い込むと、回復するまでに時間がかかります。そこで、たとえば週に 1 回といったように、頻度を落とし気味にし、代わりに 1 回のボリューム（重量×回数×セット数）を多目にします。ベンチプレスやデッドリフト、スクワットといった種目は、週に 1 回で、10 RM の重量に挑戦しながら、セット数を増やしてやり込みます。胸のトレーニングは、ダンベルプレスやインクラインプレス、バタフライといった種目を増やすことも考えられます。

　これに対して、腕のような小さな筋肉（小筋群）は、すぐに疲労してしまうので、

たとえば週に2回のように頻度を増やして、代わりに1回のボリュームを少なくします。ダンベルやバーベルを使ってカールを行う場合、10RMに挑戦しながらも、セット数を少なくします。週2回の腕のトレーニングでは、1回を重量に挑戦する日、もう1回を軽めでゆっくりと効かせて行う日としてもよいかもしれません。

　一般的には、週に1回のトレーニングでは効果が上がらないともいわれますが、高齢者や体力が低下した人の場合、週1回のトレーニングでも十分に効果を上げることができます。大学生の体育の授業でも、週に1回という頻度にもかかわらず、明らかに筋力が伸びたという結果もあります。

　このように筋トレには興味深いことが溢れていて、思いがけない筋トレの楽しさにも気づくことがあります。

　これらの対応は実は簡単で、休みをとることです。トレーニングを行う日だとしても、思い切って勇気を出して休みに当てるのです。どうしても、それができないようであれば、トレーニングのボリュームを少なく調整します。

　以前は、筆者もこのようなことを行うと、何か後ろめたい気持ちに陥っていました。しかし、トレーニングの結果に目を向けるようになってからは、積極的に行えるようになってきました。「過程」から「結果」へと、筋トレのパラダイムをシフトさせました。

　私たちは、往々にして「多くやればやるほど効果が上がる」と考えていることがありますが、たとえば5セットを3セットに減らしたとき、5セット行っていたときより、筋肉を太く大きく、強くできたとしたら、迷わず3セットにするでしょう。これは、頻度や強度にもいえることです。

　ここからもわかるように、オーバートレーニングと同様、「トレーニング効果の現れ方」も一筋縄ではいかない問題です。初心者がトレーニングを開始すると、使用重量が短期間にスムーズに伸び、嬉しい時期でもあります。しかし、続けていくうちに、だんだんとトレーニング自体がきつく、苦しくなって、伸びも小さくなり、なかなか重量が上がらなくなります。

　しかし、実はここからが「筋トレにとって本当に大切な時期」なのです。指導者は選手に、そのことを伝える必要があります。初心者は、筋肉を太く大きく強くした経験がありませんので、伸びなくなってくるとやる気をなくし筋トレそのものを止めてしまうことにもなりかねません。

　指導者は、

　①筋トレを開始して1ヵ月半から2ヵ月では、筋肉は太くならない

　②最初のうちは100%の力を出しきれない

　③100%の力を出せるようになるに従い、筋肉が付いてくる

　④本当の効果が出るのは2〜3ヵ月後からになる

といったことをしっかりと説明しなければなりません。

　「トレーニング効果の現れ方」には、「神経系の適応」も関係しています。トレーニングを休むと、簡単に筋力が落ちてしまいます。これは、筋肉量ではなく、神経系の機能の低下によります。食事や栄養バランスに問題のない状態でトレーニングを中止すると、最初に影響を受けるのは神経系です。「筋力発揮に参加する運動単位（遅筋・速筋）の減少が起きる」のです。

　神経系の適応に比べて、筋線維の肥大や萎縮ははるかにゆっくりとした変化です。初心者がトレーニングを開始すると、神経系の変化によって、すぐ力が付いてきたように感じます。しかし、本当の効果が出てくるのは、トレーニングを開始して2〜3ヵ月後なのです。

　また何かの事情で2〜3週間休んでしまうことがあっても、「神経系が影響を受けて、力は出なくなっていますが、筋肉量が落ちたわけではありません」「またトレーニングを行うと、すぐ元に戻ります」ということも伝えて、トレーニングを止めてしまうことがないように、フォローアップすることも大切です。トレーニングを続けるためにも、こういった生理学に基づいた知識は重要です。マッスルメモリーの話なども興味深く聴いてもらうことができるように思います。

7)　傷害予防のためのピリオダイゼーションの取り入れ方

　筆者は20歳代後半までに、年間を通して10 RMで行っていたことがあります。その頃のトレーニングノートを見ていて気づいたのは、2〜3ヵ月ごとにケガや故障をしていることでした。そしてトレーニングができなくなって初めて、ケガや故障が治るまで筋トレを休んでいました。そのようなことを繰り返すうちに、身を持ってピリオダイゼーション（期分け）の大切さを学びました。ピリオダイゼーションというのは、年間を通して一本調子でトレーニングを行うのではなく、プログラムや重量を変えて、月別や季節別に強弱のリズムを付けて行うことです。

　筆者の場合には10 RMでのトレーニング開始から、毎回オールアウトするまで追い込んだ3ヵ月という期間が過ぎるとケガや故障をする前に、1週間ほど筋トレを休みにするか、50% 1 RM以下のような軽めの重量でスロトレを行うなどしながら、体に溜まっている疲労を回復することにしました。その後、1ヵ月ほどかけて徐々に段階的に重量を上げていき、10 RMでのトレーニングに持っていくのです。

　筆者は30歳前後にこの方法を採用することで、劇的に傷害（ケガや故障）を予防することができるようになり、68歳（2023年現在）まで続けることができています。小さな故障をすることはありますが、1週間ほどで完治することがほとんどです。

　ピリオダイゼーションをうまく活用するポイントは、頻度にあります。筋トレの中・上級者は2〜4分割法、なかには5分割法を取り入れている人もいます。この場合、スクワットやベンチプレスといった重要な種目の取り組みに、中4日も空けてしまうことになります。そのため休むことが不安になって、休む日をなくしてしまうケースもあるようです。

　筆者が勧める中・上級者用の頻度は、週3〜4回までです。1週間のうちの残りの3〜4日は、休養日にします。それでも、10 RMでのトレーニングを続けているとオーバーワークになる場合があります。そのようなときには、思い切って1週間ほど完全に休むことも必要です。

　ただし、初心者の場合には刺激が新鮮なので、体を大きくするために、あえて疲労を気にせず一本調子でのトレーニングをしていくことが必要な時期もあります。

5.3　応用プログラムの設定

　本節では、分割法や基本プログラムの種目とそれ以外の種目を用いた応用プログラムを紹介します。幼児や小学生は基本プログラムを行うことで筋トレの目的は十分達成できます。ここでは中学生以降について紹介します。

　　1）中学生：2分割（自重と軽ダンベル）
　　2）高校生：2分割（バーベルまたはダンベル）

3) 一般人初級者：2分割（自宅用：ベンチ台とダンベル）

4) 一般人初級者：2分割（ジム用・フリーウエイトとマシン）

5) 一般人中級者：2分割（ジム用・フリーウエイトとマシン）

6) 一般人上級者：3分割（ジム用・フリーウエイトとマシン）

7) 一般人上級者：4分割（ジム用・フリーウエイトとマシン）

8) 高齢者・体力低下の人（自重と軽ダンベル）

9) 高齢者・体力低下の人：2分割①（自重と軽ダンベル）

10) 高齢者・体力低下の人：2分割②（自重と軽ダンベル）

1) 中学生：2分割（自重とダンベル）

Aコース…脚・胸・背

順	種目	部位	回数×セット数
1	ダンベル・スクワット	脚	10 × 3
2	プッシュアップ	胸	10 × 3
3	グッドモーニングまたは ダンベルベントオーバーロウ	背	10 × 2

処方

頻度：週2〜3回 時間：10〜15分 強さ：10 RM

Bコース…肩・腕・腹

順	種目	部位	回数×セット数
1	スタンディング・ダンベルプレス	肩	10 × 3
2	ダンベルカール	腕	10 × 2
3	クランチ	腹	10 × 2

処方

頻度：週2〜3回 時間：10〜15分 強さ：10 RM

A・Bコースは交互に行います。　　　　　　　　　　　（週2回）

月	火	水	木	金	土	日	月	火	水	木	金
A	休	休	B	休	休	休	A	休	休	B	休

（週3回）

月	火	水	木	金	土	日	月	火	水	木	金
A	休	B	休	A	休	休	B	休	A	休	B

• 時間がそれほど取れない場合、このように2分割として行うことができます。

• 部活に取り入れる場合、オフシーズン用として週3回は、シーズン用とし

て週2回、というように計画的に行うこともできます。

2)　高校生：2分割（バーベルまたはダンベル）

Aコース…脚・胸・背

順	種目	部位	回数×セット数
1	スクワット	脚	10 × 3
2	ベンチプレス	胸	10 × 3
3	ベントオーバーロウ	背	10 × 3
	処方		
	頻度：週2～3回　時間：10～20分　強さ：10回できる重さ		

Bコース…肩・腕・腹

順	種目	部位	回数×セット数
1	バックプレスまたは スタンディング・ダンベルプレス	肩	10 × 3
2	カール	腕	10 × 3
3	シットアップ	腹	10 × 2
	処方		
	頻度：週2～3回　時間：10～20分　強さ：10回できる重さ		

A・Bコースは交互に行います。　　　　　　　　　（週2回）

月	火	水	木	金	土	日	月	火	水	木	金
A	休	休	B	休	休	休	A	休	休	B	休

（週3回）

月	火	水	木	金	土	日	月	火	水	木	金
A	休	B	休	A	休	休	B	休	A	休	B

- 時間がそれほど取れない場合、2分割として行うことができます。
- 部活に取り入れる場合や筋力レベルが上がってきたときにも用いることができます。
- 部活ではオフシーズン用として週3回、シーズン用として週2回をお勧めします。

3)　一般人初級者：2分割（自宅用：ベンチ台とダンベル）

Aコース…胸・背

順	種目	部位	回数×セット数
1	ダンベルプレス	胸	10 × 3
2	ダンベルフライ	胸	10 × 2
3	ベントオーバーロウ	背	10 × 3

処方

頻度：週2～3回　時間：20分　強さ：10回できる重さ

Bコース…肩・腕・脚・腹

順	種目	部位	回数×セット数
1	スタンディング・ダンベルプレス	肩	10 × 3
2	ダンベルカール	腕	10 × 2
3	ダンベルスクワット	脚	10 × 3
4	クランチ	腹	10 × 1

処方

頻度：週2～3回　時間：20分　強さ：10回できる重さ

A・Bコースは交互に行います。　　　　　　　　　（週2回）

月	火	水	木	金	土	日	月	火	水	木	金
A	休	休	B	休	休	休	A	休	休	B	休

（週3回）

月	火	水	木	金	土	日	月	火	水	木	金
A	休	B	休	A	休	休	B	休	A	休	B

- 家事や仕事に追われているときなどに、2分割を取り入れることができます。
- 時間があっても、あえて無理がないように継続することを意識して2分割にすることもできます。

4)　一般人初級者2分割（ジム用・フリーウエイトとマシン）

Aコース…胸・背・腕

順	種目	部位	回数×セット数
1	（バーベルまたはダンベル）ベンチプレス	胸	10 × 3
2	ペックデックフライ	胸	10 × 2
3	ラットマシンプルダウン	背	10 × 3
4	フロアープーリーロウ	背	10 × 2
5	（バーベルまたはダンベル）カール	腕	10 × 2

処方

頻度：週2～3回　時間：20分　強さ：10回できる重さ

Bコース…肩・脚・腹・下背

順	種目	部位	回数×セット数
1	バックプレスまたは スタンディング・ダンベルプレス	肩	10 × 3
2	（バーベルまたはダンベル）スクワット	脚	10 × 3
3	シットアップ	腹	10 × 1
4	バックエクステンション	下背	10 × 1

処方

頻度：週2〜3回　時間：20分　強さ：10回できる重さ

A・Bコースは交互に行います。　　　　　　　　　　（週2回）

月	火	水	木	金	土	日	月	火	水	木	金
A	休	休	B	休	休	休	A	休	休	B	休

（週3回）

月	火	水	木	金	土	日	月	火	水	木	金
A	休	B	休	A	休	休	B	休	A	休	B

- 家事や仕事に追われているときなどに、2分割を取り入れることができます。
- あえて、無理がないように、継続することを意識して2分割にします。
- 続けるうちに、短時間のトレーニングでも、より効果を上げることができるようになります。

5）　一般人中級者：2分割（ジム用・フリーウエイトとマシン）

　トレーニングを開始して3ヵ月から半年ほどすると、使用する重量がアップしてきます。そうすると一度に初級者用の全種目を行うことが30分では難しくなり、だんだんときつくなって疲労もため込むことになってきます。

　そのような状態では重量の伸びも頭打ちになってきます。そこでトレーニングプログラムを2分割にして、各筋肉部位に強い刺激をかけながらも、片方ではしっかりと休めるようにして、さらなる効果を引き出すようにします。Aコースとして胸・背・腕・腹、Bコースとして肩・脚・腹というような分け方があります。

Aコース…胸・背・腕・腹

順	種目	部位	回数×セット数
1	ベンチプレス	胸	10 × 3
2	ペックデックフライ	胸	10 × 2
3	ケーブル・プッシュダウン	腕	10 × 2
4	ラットマシンプルダウン	背	10 × 3
5	フロアープーリーロウ	背	10 × 2
6	バーベルカール	腕	10 × 2
7	シットアップ	腹	10 × 1
8	バックエクステンション	下背	10 × 1

処方
頻度：週2〜3回　時間：30分　強度：10 RM

Bコース…肩・脚・腹

順	種目	部位	回数×セット数
1	バックプレス	肩	10 × 3
2	サイドレイズ	肩	10 × 2
3	アップライトロウ	肩	10 × 2
4	スクワット	脚	10 × 3
5	レッグプレス	脚	10 × 2
6	レッグカール	脚	10 × 1
7	レッグエクステンション	脚	10 × 1
8	カーフレイズ	脚	10 × 2
9	レッグレイズ	腹	10 × 1

処方
頻度：週2〜3回　時間：30分　強度：10 RM

A・Bコースは交互に行います。　　　　　　　　　（週2回）

月	火	水	木	金	土	日	月	火	水	木	金
A	休	休	B	休	休	休	A	休	休	B	休

（週3回）

月	火	水	木	金	土	日	月	火	水	木	金
A	休	B	休	A	休	休	B	休	A	休	B

- 30分という時間が取れない場合、種目やセット数を減らすようにします。
- 時間がタップリ取れる場合には、あえてセット数を増やすこともあります。

6）　一般人上級者：3分割（ジム用・フリーウエイトとマシン）

　さらなる効果を引き出す方法として、3分割法があります。中・上級者になって使用重量が重くなればなるほど、体への負担が増し疲労の蓄積にもつなが

ってきます。効果を上げ続けるためには、このような工夫も必要になってきます。セット間のインターバルも長くなり、当然トレーニング時間も長くなってきます。

Aコース…胸・上腕三頭筋・腹

順	種目	部位	回数×セット数
1	ベンチプレス	大胸筋全体・上腕三頭筋	10×3
2	ダンベルプレス	大胸筋全体・上腕三頭筋	10×2
3	インクラインプレス	大胸筋上部	10×2
4	ペックデックフライ	大胸筋全体	10×1〜2
5	ディップス	大胸筋下部・上腕三頭筋	10×1〜2
6	プルオーバー	大胸筋外側・内側・広背筋	10×1〜2
7	ナロウベンチ	上腕三頭筋内側頭・外側頭	10×2
8	トライセプスプレス・ライイング	上腕三頭筋全体	10×2
9	ケーブル・プッシュダウン	上腕三頭筋内側頭・外側頭	10×1〜2
10	シットアップ	腹直筋	10〜20×1

処方
頻度：週2〜3回　時間：30〜50分　強度：10〜20RM

Bコース…背・上腕二頭筋・腹

順	種目	部位	回数×セット数
1	デッドリフト	脊柱起立筋	10×3
2	ベントロウ	広背筋・脊柱起立筋	10×2〜3
3	ラットマシンプルダウン	広背筋・上腕二頭筋	10×2〜3
4	フロアープーリーロウ	広背筋・脊柱起立筋・上腕二頭筋	10×2
5	ワンハンドロウ	広背筋・上腕二頭筋	10×2
6	シーテッドロウ	広背筋・上腕二頭筋	10×1〜2
7	バーベルカール	上腕二頭筋	10×2
8	ダンベルカール	上腕二頭筋	10×2
9	プーリチャーカール	上腕二頭筋・上腕筋・腕橈骨筋	10×1〜2
10	レッグレイズ	腹直筋下部	10〜20×1

処方
頻度：週3〜4回　時間：30〜50分　強度：10〜20RM

C コース…肩・脚・下背

順	種目	部位	回数×セット数
1	バックプレス	三角筋全体・上腕三頭筋	10×3
2	ダンベルプレス	三角筋全体・上腕三頭筋	$10 \times 2 \sim 3$
3	サイドレイズ	三角筋中部	10×2
4	ショルダーシュラッグ	僧帽筋	10×2
5	スクワット	大腿全体・大臀筋・体幹	10×3
6	レッグプレス	大腿全体・大臀筋	10×2
7	レッグカール	大腿二頭筋	$10 \times 1 \sim 2$
8	レッグエクステンション	大腿四頭筋	$10 \times 1 \sim 2$
9	カーフレイズ	腓腹筋・ヒラメ筋	10×2

処方
頻度：週 3 〜 4 回　　時間：30 〜 50 分　　強度：10 〜 20 RM

A・B・C コースは順番に行います。　　　　　　　　　（週 3 回）

月	火	水	木	金	土	日	月	火	水	木	金
A	休	B	休	C	休	休	A	休	B	休	C

（週 4 回）

月	火	水	木	金	土	日	月	火	水	木	金
A	B	休	C	A	休	休	B	C	休	A	B

- 十分な時間が取れない場合、種目やセット数を減らすようにします。
- 時間がタップリ取れる場合には、あえてセット数を増やすこともあります。
- セット間のインターバルをうまく使うことも大切になります。

7)　一般人上級者：4 分割（ジム用・フリーウエイトとマシン）

　マンネリ化を防いだり、さらなる効果を求めたりということで、高重量に挑戦する場合には、4 分割法を取り入れることがあります。これはボディビルダーのように、筋トレを専門に行う人に向いています。効果を上げ続けるためには、あえて勇気を持って休養日を作ることも重要になってきます。追い込むことに慣れてくると、休むことに対する罪悪感や後ろめたい気持ちがわいてくることがあります。休むことで、よい結果を出すことができれば安心します。そのような気づきを促すトレーニング法でもあります。A 〜 D の各コースは 7 〜 10 日間のうち、1 回のペースで行うことになります。

Aコース…胸・腹

順	種目	部位	回数×セット数
1	ベンチプレス	大胸筋全体・上腕三頭筋	10 × 3 〜 4
2	ダンベルプレス	大胸筋全体・上腕三頭筋	10 × 2 〜 3
3	インクラインプレス	大胸筋上部	10 × 2
4	ペックデックフライ	大胸筋全体	10 × 1 〜 2
5	ディップス	大胸筋下部・上腕三頭筋	10 × 1 〜 2
6	プルオーバー	大胸筋外側・内側・広背筋	10 × 2
7	シットアップ	腹直筋	10 〜 20 × 1

処方
頻度：週3〜4回　時間：30〜50分　強度：10〜20 RM

Bコース…背・上腕二頭筋・腹

順	種目	部位	回数×セット数
1	デッドリフト	脊柱起立筋	10 × 3 〜 4
2	ベントロウ	広背筋・脊柱起立筋	10 × 2 〜 3
3	ラットマシンプルダウン	広背筋・上腕二頭筋	10 × 3
4	フロアープーリーロウ	広背筋・脊柱起立筋・上腕二頭筋	10 × 2
5	ワンハンドロウ	広背筋・上腕二頭筋	10 × 2
6	シーテッドロウ	広背筋・上腕二頭筋	10 × 1 〜 2
7	レッグレイズ	腹直筋下部	10 〜 20 × 1

処方
頻度：週3〜4回　時間：30〜50分　強度：10〜20 RM

Cコース…肩・上腕三頭筋・下背

順	種目	部位	回数×セット数
1	バックプレス	三角筋全体・上腕三頭筋	10 × 3 〜 4
2	ダンベルプレス	三角筋全体・上腕三頭筋	10 × 2 〜 3
3	サイドレイズ	三角筋中部	10 × 2 〜 3
4	ショルダーシュラッグ	僧帽筋	10 × 2
5	ナロウベンチ	上腕三頭筋・大胸筋内側	10 × 2
6	トライセプスプレス・ライイング	上腕三頭筋全体	10 × 2 〜 3
7	ケーブル・プッシュダウン	上腕三頭筋内側頭・外側頭	10 × 1 〜 2
8	バックエクステンション	下背・大臀筋・脊柱起立筋	10 〜 20 × 1

処方
頻度：週3〜4回　時間：30〜50分　強度：10〜20 RM

D コース…脚・上腕二頭筋

順	種目	部位	回数×セット数
1	スクワット	大腿全体・大臀筋・体幹	$10 \times 3 \sim 4$
2	レッグプレス	大腿全体・大臀筋	10×2
3	レッグカール	大腿二頭筋	$10 \times 1 \sim 2$
4	レッグエクステンション	大腿四頭筋	$10 \times 1 \sim 2$
5	カーフレイズ	腓腹筋・ヒラメ筋	10×2
6	バーベルカール	上腕二頭筋	$10 \times 2 \sim 3$
7	ダンベルカール	上腕二頭筋	10×2
8	プーリチャーカール	上腕二頭筋・上腕筋・腕橈骨筋	$10 \times 1 \sim 2$

処方

頻度：週 $3 \sim 4$ 回　時間：$30 \sim 50$ 分　強度：10 RM

A・B・C・D コースは順番に行います。　　　　　　　　　　　　　　（週3回）

月	火	水	木	金	土	日	月	火	水	木	金	土	日	月	火	水
A	休	B	休	C	休	休	D	休	A	休	B	休	休	C	休	D

（週4回）

月	火	水	木	金	土	日	月	火	水	木	金	土	日	月	火	水
A	休	B	休	C	D	休	A	休	B	休	C	D	休	A	休	B

- 十分な時間が取れない場合、種目やセット数を減らすようにします。
- 時間がタップリ取れる場合には、あえてセット数を増やすこともあります。
- セット間のインターバルをうまく使うことも大切です。
- 強化したい部位別に、曜日の間隔を調整することができます。

8) 高齢者・体力低下の人（自重と軽ダンベル）

順	種目	部位	回数×セット数
1	カーフレイズ	脚	10×1
2	ダンベル・スクワット	脚	10×1
3	デッドリフト	背	10×1
4	フロントランジ	脚	10×1
5	ダンベルフライ（床）	胸	10×1
6	サイドレイズ	肩	10×1
7	アップライトロウ	肩	10×1
8	コンセントレーション・カール	腕	10×1
9	トライセプスプレス・ライイング	腕	10×1
10	ベントロウ	背	10×1
11	レッグレイズ	腹	10×1

処方

頻度：週 $1 \sim 2$ 回　　時間：$5 \sim 10$ 分　　強度：10 RM（スロトレ）

　これらの 11 種目のなかで、5・9・11 は寝て行います。後の種目は立ったま
まで行い、起きるときにはダンベルを握ったままか、床に置くか、どちらか自
分の体の状態に合わせて選ぶことができます。寝起きのときの体の使い方も意
識することで、より生活の中での動きにつなげることができます。

9)　高齢者・体力低下の人：2分割①（自重と軽ダンベル）

A コース…脚・背・胸

順	種目	部位	回数×セット数
1	スクワット	脚	10 × 1 〜 3
2	グッドモーニング	背	10 × 1 〜 2
3	プッシュアップ（膝付）	胸	10 × 1
4	プッシュアップ（膝立）	胸	10 × 1

処方
頻度：週2〜3回　時間：5〜10分　強さ：10 RM

B コース…肩・腕・腹

順	種目	部位	回数×セット数
1	スタンディング・ダンベルプレス	肩	10 × 1 〜 2
2	ダンベルカール	腕	10 × 1 〜 2
3	ダンベル・トライセプスプレス・スタンディング	腕	10 × 1 〜 2
4	クランチ	腹	10 × 1
5	腕振りクランチ	腹	10 × 1

処方
頻度：週2〜3回　時間：5〜10分　強さ：10 RM

A・B コースは交互に行います。　　　　　　　　　（週2回）

月	火	水	木	金	土	日	月	火	水	木	金
A	休	休	B	休	休	休	A	休	休	B	休

（週3回）

月	火	水	木	金	土	日	月	火	水	木	金
A	休	B	休	A	休	休	B	休	A	休	B

- 基本プログラム 7) を 2 分割したものです。
- 種目も少なく、無理なくできるようにしてあります。
- ライフスタイルに合わせて調整し、将来を楽しみに継続することが大切で
　す。

10)　高齢者・体力低下の人：2分割②（自重と軽ダンベル）

Aコース…脚・胸・背

順	種目	部位	回数×セット数
1	カーフレイズ	脚	10 × 1 〜 2
2	ダンベル・スクワット	脚	10 × 1 〜 2
3	デッドリフト	背	10 × 1 〜 2
4	フロントランジ	脚	10 × 1
5	ダンベルフライ（床）	胸	10 × 1 〜 2

処方
頻度：週1〜2回　時間：5〜10分　強度：10 RM（スロトレ）

Bコース…肩・腕・背・腹

順	種目	部位	回数×セット数
1	サイドレイズ	肩	10 × 1 〜 2
2	アップライトロウ	肩	10 × 1
3	コンセントレーション・カール	腕	10 × 1 〜 2
4	トライセプスプレス・ライイング	腕	10 × 1 〜 2
5	ベントロウ	背	10 × 1 〜 2
6	レッグレイズ	腹	10 × 1

処方
頻度：週1〜2回　時間：5〜10分　強度：10 RM（スロトレ）

A・Bコースは交互に行います。　　　　　　　　　　　　（週2回）

月	火	水	木	金	土	日	月	火	水	木	金
A	休	休	B	休	休	休	A	休	休	B	休

（週3回）

月	火	水	木	金	土	日	月	火	水	木	金
A	休	B	休	A	休	休	B	休	A	休	B

- 応用プログラムの 8)を2分割にしたものです。
- 応用プログラムの 9)と交互に、3ヵ月を目安として、ピリオダイゼーション（期分け）を行うことができます。
- マンネリ化の対策として、基本プログラム 7)、応用プログラム 8)、9)、10)をうまく使い回して行うこともできます。

5.4　応用プログラムの処方と工夫

1)　最適な負荷を決めるために

　トレーニングの基本を身に付けたら、今度はそれを応用して更にレベルアップを目指します。最近では、日本のスポーツ選手の中にも、ボディビルダーのようにマニアックにも思える、自分に合った、より細やかな重量を決めたトレーニングに励んでいる人もいます。

　たとえばスクワットを3セット行う場合、

　　　①1セット目：点検
　　　②2セット目：準備運動
　　　③3セット目：本番（メインセット）

といったように考え、それに合わせて段階的に重量を上げていくことができます。3セット目のメインセットを100 kg/10 RMで行うとすると、1セット目は60 kg/10回で、体の点検を行うようにします。腰や股関節、膝や足首の関節、太ももやお尻などに異常はないかどうか、注意を払いながら体をゆっくりと動かします。2セット目はメインセットを考えて80 kg/10回で、リハーサルを行うように準備運動として行います。そして3セット目の本番は、力を振り絞り100 kg/10 RMで行います。

　さらに本番を3セットとし、1セット目の点検と2セット目の準備運動とを合わせて合計で5セットにすることもできます。メインセットの使用重量を、その日の調子をみながら、5 kgや2.5 kg単位の調整を行うようにします。このような工夫を重ねることで効果を出し続けることができます。

　世の中には、信じられないような筋肉量や筋力を身に付けている人がいますが、これは決して突然に起きたことではなく、このような細やかな工夫の積み重ねの結果なのです。「神は細部に宿る」という諺通り、地道な工夫と努力が必要です。

2)　フォーストレプス法

　上記のように、筋肉量を増やすための筋トレの基本は10 RM法で、3セット目の本番では1 RMの75％（＝10 RM）で行います。経験を積んでいったら、

3セット目の本番を7〜8RMで行い、自分では上げることができなくなってから、補助者に手伝ってもらい、そこから更に2〜3回を繰り返したりします。このテクニックは「フォーストレプス法（Forced Reps）」といい、筆者もよく用いていました。フォーストレプスとは、「強制的に反復を行わせる」という意味です。これは、筋トレの効果を継続的に引き出すために、非常に重要な方法の1つです。

　この方法は、前述のように自力で上げることができなくなってから、補助者に手伝ってもらうのが一般的な方法ですが、バーベルカールやバックプレス、ベントオーバーロウなどでは、反動（チーティング）を使って行う方法もあります。ストリクトで限界に達したら、チーティングを利用して上げて、戻すときにこらえるようにするのです。

　補助はできるだけ自力で上げさせ、きつさを感じるように行っている補助者が多いようです。実感としても、これが最も効果がありそうな気がします。ところが、トレーニング科学が出した答えは少し違っています。より効果的な補助は、「バーベルを上げるときは、楽に上がるように補助をし、下ろすときには補助なしで、本人自身が最後までしっかりとこらえながら行う」という方法なのです。

　上げる（コンセントリック）ときの力発揮に比べて、こらえながら下ろす（エキセントリック）ときには、約1.4〜1.5倍の力を出すことができます。したがって、上げるときには自力で上げることができない重量でも、下ろすときには十分余裕を持って行うことができます。つまり、この方法は楽なうえに、大きな効果があるので、正しく理解しておきましょう。

　筋肉を太く大きく、強くする目的でのフォーストレプスの基本的な実践法は、
　　①7RMにセットする
　　②潰れて（自分で上げられなくなって）から補助で3回行う
となります。このような方法でうまく力を出し切って1セット行えば、補助なしで行う2セット分か、それ以上の効果があるといわれています。筆者もそのように感じていますし、物凄い筋肉量を持っているボディビルダーは、こういったトレーニングを行っているようです。

　ただし、この方法は筋肉への刺激が強烈なので、体に大きなダメージを与えます。したがって、フォームを崩さず、セット数を増やさず、高回数に追い込

み過ぎないなどを守り、致命的な傷害にならないよう十分な注意が必要です。
また、

　　　①1種目の中では、2セット程度にとどめる
　　　②オーバートレーニングにならないようにする
　　　③熟練者の補助を受ける
　　　④慣れない初心者や経験が浅いうちは行わない

といったことも守ってください。

　ベンチプレスにしても、スクワットにしても、本当に力を出し尽くして満足
できる状態はフォーストレプスで得られます。補助してオールアウトするまで
いった人は、倒れ込んでしまい、喘ぐような状態のなかで、最高の笑顔で、ま
た言葉で、その喜びや楽しさを表現してくれます。このようなトレーニングが
できるようになると、最短で最高の効果を引き出すことができそうです。

━━━━ 補助のコツ ━━━━

　フォーストレプス法のポイントは、実施者のバーの軌道にあります。スクワットで
もベンチプレスでも、補助者はまず実施者の「構え」の重心を確認します。その位置
からバーが下がって動き出し、最下点に達してから、「構え」としてのスタートポジ
ションに戻るまでの「動き」を頭に入れます。

　たとえば、7RM（自力で7回やっとできる重さ）で行うとすると、7回の間に実
施者の軌道を覚え込みます。それから、あと3回をフォーストレプスとして、その軌
道を外すことがないように補助を行います。このときには、バーが軌道を通るときの
速さや呼吸も乱さないように意識します。これらをうまく行うためには、補助者がど
れほど実施者の気持ち、心が読めるかが重要です。究極のフォーストレプスというの
は、補助されていることがわからないくらい、自然なものなのです。

　補助のうまい人は、本当に納得できるまで追い込ませることができます。そのとき
は、筋肉が太く大きく、強くなっていく確信を持てます。1回そのようなことを味わ
った人は、補助にも筋肉を最も発達させるための大切な技術があることに気づきます。
それもまた、効果を出す筋トレの楽しみ方の1つといえます。

3）　マルチバウンデージ法

　扱う重量を何種類か組み合わせ、1セットとして行う方法をマルチバウンデ
ージ法といいます。たとえば、ベンチプレスやスクワットで100 kg/10 RM 行っ
た後に、すぐ90 kg に落として3～4回を行い、上がらなくなったら80 kg まで

落として、また限界まで行います。合計すると 1 セット当たり、だいたい 16 回〜 20 回近くを行うことになります。やってみるとわかりますが、これは大変苦しいトレーニングで、経験を積んだ中・上級者用のトレーニングといえます。

　筋トレの効果は、ある程度のレベルまでは、比較的スムーズに伸ばすことができますが、一定期間後はなかなか効果を上げることが難しくなってきます。その壁を乗り越える手段として、マルチバウンデージ法はフォーストレプスと同じように大変有効です。

　これは、どちらかといえば、マシン向きのトレーニングといえます。ウエイトスタック式のマシンであれば補助者がいなくても、ピンの移動のみによって、自分自身で簡単に重量の調整を行うことができるからです。逆に、プレート（錘）の付け外しが必要なバーベル種目に不向きといえます。フォーストレプス法が、ベンチプレスやスクワットなどのバーベルで行う種目に向いているのと対称的です。ダンベル種目は、どちらのやり方にもスムーズに対応できます。

　またマルチバウンデージ法の長所は、フォーストレプス法と同じく、セット数を減らしてトレーニング時間を短くすることができることです。たとえば、ラットマシンプルダウンを行う場合、5 セット行っていたところを、2 〜 3 セットにすることができます。ただし、きつさや苦しさも同時に増してきますので、ある程度経験を積んでから行うようにした方がよいでしょう。ある種目に限って行うという方法もあります。

4)　マルチセット法

　フォーストレプス法やマルチバウンデージ法は、1 セットの中で、より追い込んで力を出し切る方法でしたが、マルチセット法は、複数の種目を連続的に行って 1 セットとするやり方です。マルチセット法の特徴は、フォーストレプスやマルチバウンデージ、シングルセットに比べて、同じ時間で、2 倍以上のセット数をこなすことができます。フォーストレプスやマルチバウンデージよりも、さらに効率的といえます。

　私たちが普段行っている、1 セットごとに休みを入れる基本的な方法は、「（シングル）セット法」といわれます。この方法はトレーニング時間を考えると、セット数に制限が出てきます。マルチセット法は短時間でトレーニングし

たい、技術練習にもっと時間を充てたい、もっと効率よくトレーニングしたい、といった場合に有効なトレーニングシステムです。

　マルチセット法には、

　　①スーパーセット法（2種目を組み合わせる）

　　②トライセット法（3種目を組み合わせる）

　　③ジャイアントセット法（4～6種目を組み合わせる）

　　④サーキットセット法（7種目以上を組み合わせる）

　　⑤サーキットトレーニング（7種目以上を組み合わせ休息なしで行う）

などがあります。これらのトレーニング効果は、①から⑤に向かって、筋力アップから筋持久力アップに変化していきます。

　筋トレでは、セット間の休息（インターバル）の取り方も、目的や各人によってさまざまです。パンプアップといって筋肉がパンパンに張った状態にしたい場合には、インターバルを短めにします。これに対して、高重量を上げたい場合には、ある程度長めにインターバルを取る必要があります。セット間のインターバルを2～3分取ると、次のセットではほぼ100％の力が出せると、一般的には考えられています。

　しかし、セット間のインターバル（休息）を短くしていくと、回復しきれなくなってきます。このとき、インターバルの時間は変えずにセット数を増やすための1つの方法として、マルチセット法があります。1回のトレーニングで70～80セットという量を行うには、この方法が不可欠です。

　これを取り入れるときの注意点は、組み合わせる種目です。たとえば、スーパーセットの場合、種目aと種目bで同じ筋肉部位を行うと、後に行う種目では力が出なくなって、セット数をこなすこともできなくなり、種目bの意味がなくなってしまいます。したがって、bはaの反対側の筋肉（拮抗筋）を使う種目を行うのが基本です。

　aで上腕二頭筋を行ったとしたら、bでは上腕三頭筋を行うのです。普通はあまり行うことはありませんが、大筋群の大胸筋と広背筋の組み合わせもあります[1]。大胸筋の種目としてベンチプレスを行う場合は、広背筋にはフロアープーリーロウやベントオーバーロウを選びます。ラットマシンプルダウンやチ

1）大胸筋と広背筋は、拮抗筋としての関係と同時に協働筋としての関係もあり、少々ややこしいです。

ンニングの組み合わせなどは、協働筋の関係にある筋肉部位を使うことになってしまうので避けるようにします。

②のトライセット以上の場合も、この原則に従って拮抗筋同士を組み合わせて行います。

これらに対して、あえて同じ筋肉部位を行う種目を選んで行う「フラッシングセット法」いう方法もあります。たとえば、ベンチプレスを行った後に、すぐダンベルプレスを行います。このような方法では、すぐに効いてきて筋肉がパンパンに張って、いわゆるパンプアップしてきます。これにより、メカニカルストレスと筋線維の損傷・再生、それにプラスして代謝環境、酸素環境、ホルモン・成長因子といった、筋肉を大きくするための刺激をかけることができます。

マルチセット法は、確かに効率的ではあります。しかし組み合わせる種目が増えれば増えるほど、インターバル（休憩）を取っていても、疲労が溜まってくるため、扱う重量を軽くせざるをえなくなります。そうすると、筋力アップから筋持久力アップのトレーニングに変わってきます。スポーツ選手が行っているサーキット・トレーニングになると、全身の持久力アップが目的になります。

筆者の場合は筋肉を太く大きく、強くすることを目的としていますので、プログラムを単純化して原則的にはシングルセットで行います。それも、ベンチプレスやスクワットでも3セットほどにしていますので、効果を上げるためには、ターゲットとなる筋肉にしっかり効かせる正しいフォームがどうしても必要です。

自分の行っている方法がどのような効果を引き出すのかを理解するためにも、これらの知識を持っておきましょう。

5)　ホリスティック法

ホリスティックとは「全体的な」または「包括的な」という意味で、ホリスティック法は筋線維を作っている速筋と遅筋すべてを極限まで使い切る方法です。たとえば、

1セット目、30 〜 50 RM、

2セット目、12 RM

3セット目、1 RM

　　4〜5セット目、1〜5 RM

　　6〜7セット目、8 RM

　　8〜9セット目、30〜50 RM

のような高回数でオールアウトするまで行うようなやり方をいいます。ホリスティック法は、効果的に筋肉を太く大きくするボディビルダー向けのトレーニングです。高回数の持久的なトレーニングをすることにより、筋肉の中の毛細血管が非常に発達して、筋内環境が良好になります。同時に 10 RM ほどの高重量のトレーニングによって速筋線維の発達を促し、さらに 1〜4 RM といった高重量を使って神経系を適応させて筋力アップすることができるのです。

6)　アイソメトリック・トレーニングとアイソトニック・トレーニング

　　アイソメトリック・トレーニング（isometric training：等尺性トレーニング）は、「筋肉が伸び縮みすることなく、力だけを発揮するトレーニング」です。背筋力計を引いたり、握力計を握ったり、あるいは壁を押し続けて力を出すようなトレーニングです。これはとても簡単で、誰でも、どこでも、いつでも行うことができます。

　　アイソメトリック・トレーニングの特徴として、「トレーニング効果が力を出すときの姿勢に強く依存する」ということがあります。たとえば、肘関節が60度の角度でダンベルカールを行うとすると、その角度での筋力は強くなりますが、その他の角度では強くなりません。この特徴をトレーニングに活かすこともできます。

　　たとえばスクワットの場合、太ももが水平になったあたりに、最も苦しくなって、非常に動きが難しくなるところがあります。これを「スティッキングポイント」といいます。筋力は関節角度によって変わるので、高重量に挑戦していると、スティッキングポイントで動きが止まってしまうことがあるのです。これを乗り越える有効な手段として先述のフォーストレプス法もありますが、もう1つの有効な手段として、アイソメトリック・トレーニングを使う方法があります。一番力が弱くなったところで、6〜10秒ほど止まったまま負荷に耐えるトレーニングを行うことで、その関節角度での筋力を高めることができ、壁を越えられるというわけです。

　　ただし、アイソメトリック・トレーニングには短所もあります。筋力トレー

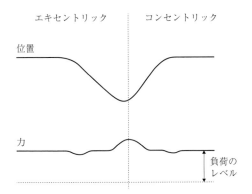

図 5.3 アイソトニック・トレーニングにおける動作（バ
ーベルの位置）と発揮される筋力の関係（石井、1999）

ニングというのは、一般に最初のうちは効果が上がりますが、そのうち頭打ち
になって伸びなくなってしまうことがあります。そして、この伸びなくなって
しまうレベルは、アイソメトリックのほうがアイソトニック（isotonic：等張力
性）より非常に低いようです。すなわち、アイソメトリックよりもアイソトニ
ックのほうが、トレーニング効果は大きいのです。

　図 5.3 をみると、負荷の減速時・加速時には、負荷よりも大きな筋力が発揮
されていることがわかります。フリーウエイトでのアイソトニック・トレーニ
ングでは、重量を動かすために加速が必要なので、非常に大きな筋力を出すの
です。そして動きの中で、次第にその重量と出す力が釣り合ってきます。

　10 RM のアイソトニック・トレーニングは、使っている重量（負荷）より、
少し大きな力を瞬間的に発揮するトレーニングです。軽い負荷でも力を出す瞬
間に大きな加速を与えようとすれば、最初に大きな筋力発揮をしなければなり
ません。アイソトニック・トレーニングでは「扱っている負荷が軽いからとい
って、必ずしもトレーニング中に出している筋力が小さいということにはなら
ない」のです。これは、アイソトニック・トレーニングのとても重要な特徴の
1 つです。

　アイソトニック・トレーニングのもう 1 つの特徴として、バーベルを下ろす
ときにもエキセントリックの筋力を発揮するということがあります。5.4 節 2）
でも述べたように、エキセントリックの最大筋力は、コンセントリックの最大
筋力の約 1.4 倍ほどにもなります。一方、動かすことができないものに力を最

大にかけるアイソメトリックの最大筋力は、短縮性の最大筋力の 1.2 倍ほどです。つまり、アイソトニック・トレーニングでは、アイソメトリック最大筋力を超える筋力が引き出されているということになります。これは、自力でもうこれ以上、上げることができない心理的な限界を、筋肉が切れてしまうような生理的な限界に近づけているということです。つまりエキセントリックな筋力発揮は、危機的な状況に追い込まれたときに出す「火事場の馬鹿力」を、冷静にしかも簡単に出す方法なのです。

7)　セット間のインターバルと成長ホルモン

　現在、筋肥大・筋力増強のメカニズム（筋肉が太く大きく、強くなるしくみ）には、以下のような 5 つの刺激が関わっていることがわかっています。
　　①メカニカルストレス
　　②代謝環境
　　③酸素環境
　　④ホルモン・成長因子
　　⑤筋線維の損傷・再生
　このなかの①メカニカルストレス（物理的な刺激）は、10 RM で行うような重量を使うことです。この方法では通常、セット間のインターバルを 2 ～ 3 分取って行います。このようにすることで、その人が持っている筋力を最大に引き出すことができます。これ以上短くすると、回復が不十分で 10 回という回数を繰り返すことが難しくなります。
　これを、ホルモンの分泌という視点でみてみましょう。筋肉を太く大きくするホルモンには、代表として男性ホルモン（テストステロン）と成長ホルモン（GH：グロースホルモン）があります。筋トレを行うと、そのやり方によっては成長ホルモンの分泌が著しく変化することが知られていて、それはセット間のインターバルにも関わっています。単に高重量のトレーニングをすれば分泌するということではないのです。成長ホルモンほどはありませんが、男性ホルモンやインシュリン様成長因子－1（IGF-1）の血中濃度も、同様の傾向を示すことが明らかになってきました。
　図 5.4 は、以下のような 3 つのタイプのトレーニングで比較してみたものです。GH の分泌量は、①の 1 分休息の場合が著しく増加していますが、②③の

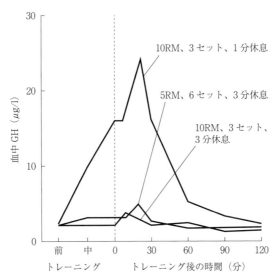

図 5.4　トレーニングの強度、セット間インターバルと血中ホルモン濃度との関係（Kraemer *et al.*, 1989）

場合にはほとんど増加していません。

① 10 RM、3 セット、1 分休息

② 5 RM、6 セット、3 分休息

③ 10 RM、3 セット、3 分休息

アメリカの NSCA（全米ストレングス＆コンディショニング協会）、ACSM（アメリカスポーツ医学会）では、以下のような見解を示しています。

①筋肥大は、「中負荷・ショートインターバル・高ボリューム」

②筋力強化は、「高負荷・ロングインターバル・低ボリューム」

　（筋力強化とは、筋肉を肥大させず、体重を増やさずに筋力を高めること）

また現在では、低負荷（軽めの重量）でのスロートレーニングで、成長ホルモンの分泌を促すことが明らかになっています。たとえば、10 RM 行った後で、負荷をその重量の半分に落とし、スロートレーニングを用いて、筋肉がパンパンにパンプアップする限界（オールアウト）まで行う方法の有効性も科学的に証明されています。

まとめると、セット間のインターバルを本人が可能な限り短くすることは、

大変有効なトレーニング法と考えられます。これは、マルチセット法、マルチバウンデージ法、ホリスティック法などの一定の時間内で、全体のボリュームを増やすトレーニングとのつながりもありそうです。

以上のようなさまざまな知識を身に付けて入れば、自分の体に合ったトレーニング方法を創意工夫することができます。そして継続したトレーニングを行い、きつさや苦しさを楽しみに変えることができるように続けることが大切です。

5.5 筋肉づくり体操の処方

1) 基本設定

筆者が健康体操教室で行っている筋肉づくり体操のトレーニング処方（強度・量・頻度）は以下の通りです。

①強度——自重や十分余裕のある重量を用いる

- 正しいフォームが維持でき、余裕のある重量で10回行います。
  ＊自重できつい場合は5回ぐらいから始めて、少しずつ増やして10回まで行えるようにします。
- 目安として、女性は1〜3kg、男性は4〜8kgのダンベルを使用します。
  ＊ペットボトルに水を入れて用いる場合もあります。
- 軽く感じてきたら、少しずつ錘を上げていきます。
- 女性の場合、3kgぐらいから骨密度も上がるようですが、くれぐれも無理をしないようにしましょう。

②時間——約1時間で行う

- 約1時間かけて行います。
- 筋力トレーニングの時間は、筋肉づくり体操第1・第2の合計20分です。

順	種目	時間（分）	順	種目	時間（分）
1	ウォーミングアップ	5	7	ウエストシェイプアップ体操	5
2	筋肉づくり体操　第1	10	8	休憩	1〜2
3	休憩	1〜2	9	太ももシェイプアップ体操	5
4	筋肉づくり体操　第2	10	10	休憩	1
5	大腰筋体操	3〜5	11	2人組でのストレッチ	10
6	休憩	1〜2			合計：52〜55

③頻度——週に1回程度行う

- 週に1回のペースで行います。
- 体力的に余裕がある場合、これに加えて、たとえば準備運動と筋肉づくり体操第1だけといったように、各体操をいろいろ組み合わせて、あるいは単独で行うこともできます。

　健康体操教室は60歳以上の健康な人を対象にしていますが、処方を少しアレンジすることで、だれでも、いつでも、どこでも行うことができます。続けることが重要ですので、傷害に注意して無理をせず、心にも余裕を持って行いましょう。

> **【水分補給】**
> 　1つ1つの体操の合間には、水分補給を入れています。これはトレーニング効果を上げるために、大変重要です。血液の濃度は水分補給と密接な関係にあり、喉の渇きを感じるときには既に筋肉内が水分不足になっています。したがって渇きを感じる前に補給することが大切です。うまく水分を補給して、血液をサラサラに保ち、新陳代謝がいつもスムーズに行われるようにしておかなければなりません。
> 　高齢者で新陳代謝が落ちると、運動してもなかなか汗が出てこない人がいます。筋肉が活発に活動すれば熱が出てくるのは当然です。オーバーヒートを起こした筋肉を冷やすために、体は汗を出して皮膚の温度を下げます。運動をするとすぐ体温が上がり、汗が出るというのは、活発で元気な筋肉を持っている1つの証拠といえます。かといって、多量の水分を一度に摂ると、内臓にも負担をかけることになってしまいますので、適量を少しずつこまめに補給してトレーニングしましょう。

2)　健康体操教室の手順と種目の一覧
(a)　ウォーミングアップ（5分）

1　その場足踏み
2　ストレッチ

(b)　筋肉づくり体操　第1（10分）　5〜8：ダンベル使用

1　ヒンズースクワット
2　グッドモーニング
3　プッシュアップ（膝付）
4　プッシュアップ（膝立）
5　スタンディングプレス

6　ショルダーシュラッグ
7　カール
8　トライセプスプレス・スタンディング
9　クランチ

＊休憩1〜2分、水分補給　理論説明。

(c)　筋肉づくり体操　第2（10分）　1〜10：ダンベル使用

1　カーフレイズ
2　スクワット
3　デッドリフト
4　フロントランジ
5　フライ
6　サイドレイズ

7　アップライトロー
8　コンセントレーションカール
9　トライセプスプレス・ライイング
10　ベントオーバーロウ
11　レッグレイズ

(d)　大腰筋体操（3〜5分）

1　寝たまま足上げ
2　寝たまま足踏み
3　お尻歩き

＊休憩1〜2分、水分補給　理論説明。

(e)　ウエストシェイプアップ体操（5分）

1　ニー・ツー・チェスト（左右交互に）
2　ニー・ツー・エルボー（左右交互に）
3　ツイスト・ニー・ツー・エルボー（左右交互に）
4　ツイスト・ハンド・ツー・フット（左右交互に）
5　ライイング・ツイスト・ニー・ツー・エルボー（左右交互に）
6　ライイング・フロント・キック（左右交互に）
7　ライイング・オポジット・レッグ・アンド・アーム・アップ（左右交互に）
8　ライイング・フェイスダウン・レッグ・アンド・アーム・アップ（全部一緒に）
9　ライイング・ベントニー・ツイスト（左右交互に）
10　シーテッド・ストレイト・レッグ・アップ・アンド・ダウン（左右交互に）
11　シーテッド・ストレイト・レッグ・サイド・イン・アンド・アウト（左右交互に）
12　シーテッド・ニー・ツー・チェスト

＊休憩1〜2分、水分補給　理論説明。

(f) 太ももシェイプアップ体操 (5分)

1 ヒンズースクワット
2 手の指先運動
3 フロントランジ（腕を付けて）
4 サイドランジ（腕を付けて）
5 バックランジ（腕を付けて）
6 3のフロントランジを3拍子でリズムジャンプ
7 4のサイドランジを3拍子でリズムジャンプ
8 5のバックランジを3拍子でリズムジャンプ
9 その場連続ジャンプ（脚の開閉と腕を真横に上下）
10 （その場）ランニング
11 スタンディング・バック・キック（左右交互に）
12 フット・ウォッチング（左右交互に）
13 キャット・アンド・ドッグ

＊休憩1～2分、水分補給　理論説明。

(g) クーリングダウン (2人組でのストレッチ、10分)

1 長座での前曲げ
2 開脚での前曲げ
3 開脚での左右前曲げ
4 開脚での左右膝曲げての前曲げ
5 足裏合わせての前曲げ
6 仰向けで片膝曲げての左右捻り
7 仰向けで片膝曲げての膝と骨盤の左右引き伸ばし
8 仰向けで両膝曲げての胸に引き付け
9 俯せでの両手首引き上げ
10 俯せでの両足首引き上げ
11 仰向けで金魚運動（縦揺れ・横揺れ）
12 仰向けでの腕振り（縦揺れ・横揺れ・上下揺れ）
13 俯せでの腰揺らし

附　録　健康体操教室

私たちが行う運動には以下の3つがあります。

　①筋肉づくり、②動きづくり、③柔軟性の向上

これらはどれも大切なもので、代替えができない関係にあります。生涯を健やかに過ごすためには、これらを自分の体に合わせてバランス良く行う必要があります。そして、これらは互いにそれぞれの短所をカバーし、長所をうまく引き出す関係にあります。ここで紹介する「筋肉づくり体操」はこれらに役立つもので、本書で紹介したスロートレーニングで行うことを前提としています。なお、1番台は基本種目、2番台は応用種目となっています。

【凡例】

　各種目の写真説明とも、上段は「構え」、下段が「動き」。

　→に付属するのは呼吸とその時間を示す。

　[主]主働筋、[協]協働筋、[ポ]ポイント、[注]注意点

1-1　ヒンズースクワット
[主]大腿四頭筋・ハムストリングス・大殿筋、[協]内転筋群・脊柱起立筋・下腿三頭筋

①足幅を踵で肩幅に取る、②つま先を少し外向に向け、背筋をまっすぐにして、足裏全体で支える、③手は頭に添えるか、胸の前で組む、④胸を張って、前を見る、⑤膝を少し曲げておしりを引く。[ポ]足裏全体でバランスを取り、膝を少し曲げる。[注]腰が前に入り過ぎない。

吸う3秒 ➡

⬅ 吐く3秒

①お尻を引き、椅子に腰かけるように、股関節・膝・足首の順に曲げる、②しゃがみきったとき、つま先の真上に膝がくる（脛と背筋が平行）、③股関節を伸ばしながら立ち上がる。[ポ]しっかりとしゃがむ（フルかパラレル）。[注]①猫背、反り腰にならない、②膝を絞り、出し、引き過ぎない。※体力に合わせて深さを調整する場合がある。

1-2　グッドモーニング（おじぎ）
[主]ハムストリングス・大殿筋、[協]脊柱起立筋

①足を閉じて、胸を張り背筋をまっすぐにする、②手は頭の後ろか、胸の前に持ってくる、③足裏全体でバランスを取り、前を見る、④膝を少し曲げておしりを引く。[ポ]足裏全体でバランスを取り、膝を少し曲げる。[注]膝を伸ばし切らない。

吸う3秒 ➡
⬅ 吐く3秒

〈スロトレの構え：膝を少し曲げる〉

①背中を平らにして、お尻を後ろへ引く、②頭を起こし、膝を少し曲げながら上体を水平まで倒す（目線は2〜3ｍ先の床を見る）、③背中を平らに保ちながら、元の姿勢に戻る。[ポ]柔軟性に合わせて、適度に膝を曲げる。[注]猫背にならない。腰を反り過ぎない。

1-3　プッシュアップ（膝附）
[主]大胸筋、[協]上腕三頭筋・三角筋前部

①手幅は胸の真横から手の平一つ分外側にする、②指先を少し内側にして、前腕を鉛直にする、③胸を張って肩甲骨を寄せ、背筋をまっすぐにする、④頭を起こして自然に床を見る、⑤床から胸を少し浮かせて、腕で支える。[ポ]手首の真上に肘がある。[注]手の位置は胸の真横の方向から外れない。

吸う3秒 ➡
⬅ 吐く3秒

①膝を床につけたままで押し上げる、②上体を無理のない適度のアーチを保ちながら行う（膝から肩まで、アーチが大きくなるほど負荷は小さくなる）、③床から胸を浮かせた状態まで、こらえながら戻す。[ポ]押し上げたときに、肘を少し曲げる。[注]①猫背にならない、②腰を反り過ぎない。

1-4　プッシュアップ（膝立）
[主]大胸筋、[協]上腕三頭筋・三角筋前部

①膝を立て、四つん這いになる、②手幅は肩幅より手の平一つ分外側にする、③指先を少し内側にして肘を伸ばす、④胸を張って肩甲骨を寄せ、背筋をまっすぐにする、⑤頭を起こして自然に前を見る。※手と膝までの距離で負荷の強さを調整する、⑥体重を前にかけるようにして、肘を少し曲げる。[ポ]肘を少し曲げる。[注]肩をすくめない。

〈スロトレの構え：膝を少し曲げる〉

吸う3秒 ➡
← 吐く3秒

〈押し上げたとき、肘を少し曲げる〉

①胸を張って、頭が前に出るようにして下ろす（背筋は適度なアーチになり、前腕は鉛直を保つ）、②バランスを取りながら、肘を少し曲げた状態まで押し上げる。[ポ]手と手の間に胸がくる。[注]肘が手首の真上から外れない。

1-5　スタンディングプレス
[主]三角筋、[協]僧帽筋・上腕三頭筋

①直立して、ダンベルをしっかりと握り、肩の前か横に構える（グリップ・手首・肘は鉛直になる）、②足幅は肩幅よりやや狭めに取り、つま先は少し外側にする、③足裏全体でバランスを取り、前を見る。[ポ]足裏全体でバランスを取る。[注]上体を反り過ぎない、手首を外側へ曲げ過ぎない。

吸う3秒 ➡
← 吐く3秒

①肘を伸ばしながら、ダンベルを頭上に押し上げる（前腕は一直線で鉛直方向に保つ）、②肘を少し曲げた状態まで伸ばして、ダンベルを支える（グリップから下ろした重心線が、足裏の土踏まずの中心にある）、③バランスを取りながら下げる。[ポ]押し上げたとき、肘を少し曲げる。[注]①手首・肘はグリップの真下から外れない、②バランスに気をつける。

1-6　ショルダーシュラッグ
[主]僧帽筋、[協]肩甲挙筋

①ダンベルを握って直立し、腕を伸ばし体側に付ける、②足幅は肩幅よりやや狭めにし、つま先は少し外側にする、③背筋をまっすぐにして体幹を固定する、④足裏全体でバランスを取り、前を見る、⑤肩を少し上げるようにして僧帽筋に力を入れる。[ポ]僧帽筋に力を入れる。[注]僧帽筋を伸ばし切らない。

吸う3秒 ➡
⬅ 吐く3秒

①頭を前に出し、胸を張って、肩甲骨を寄せながら肩を上げる　（顎を前に出すようにすると肩を上げやすい）、②コントロールしながら肩を少し上げた状態まで下ろす。[ポ]肩・肩甲骨を高く上げる。[注]下したときに、僧帽筋の力を抜かない。

1-7　カール
[主]上腕二頭筋、[協]上腕筋・腕橈骨筋

①ダンベルを握って直立し、腕を伸ばし体側に付ける、②足幅は肩幅よりやや狭めにし、つま先は少し外側にする、③背筋をまっすぐにして体幹を固定する。④足裏全体でバランスを取り、前を見る、⑤ダンベルを外側に回（回外）し、正面に向け、肘を少し曲げる。[ポ]肘を少し曲げる。[注]肘を伸ばして、上腕二頭筋の力を抜かない。

吸う3秒 ➡
⬅ 吐く3秒

①前腕の外側と手の甲を直線にして、手首を固定する、②肘を曲げて、少しだけ前に出しながらダンベルを上げる（手首はまっすぐに保つ）、③ダンベルを肩の高さ（鎖骨の前）まで持ってくる、④こらえながら下す。[ポ]下したとき、肘を少し曲げる。[注]①下げたときに、肘を伸ばし切らない、②肘・肩の動き過ぎに気を付ける。

1-8　トライセプスプレス・スタンディング
[主]上腕三頭筋、[協]肘筋

①一つのダンベルの外側を両手で握って直立し、腕を伸ばして万歳する、②足幅は肩幅よりやや狭めにし、つま先は少し外側にする、③背筋をまっすぐにして体幹を固定し、体全体を鉛直にする、④足裏全体でバランスを取り、前を見る、⑤肘を少し曲げる。[ポ]肘を少し曲げる。[注]肘を伸ばし切らない。

吸う3秒 ➡

⬅ 吐く3秒

①円弧を描くようにして、ゆっくりと丁寧に肘を曲げる、②手首・体幹を固定して、肩の後ろ側まで下ろす、③バランスを取りながら頭上に上げる、④上げ切ったとき、肘を少し曲げる。[ポ]肘頭を鉛直方向に保つ。[注]上げたとき、肘を伸ばし切らない。

1-9　クランチ
[主]腹直筋、[協]腹横筋

①仰向きに寝て、膝を直角に曲げて、足裏全体を床に付ける、②手は頭に添え、胸を張って、腹を凹ませる（息を大きく吸い込む）、③頭を起こして、天井を見る。[ポ]腹を凹ませる。[注]反り腰にならない、膝を伸ばし過ぎ、曲げ過ぎない。

吸う3秒 ➡

⬅ 吐く3秒

①腰は床に付けたままで、胸を丸めるようにして、上体を起こす（目線は天井から膝に向ける）、②できるだけ頭を上げる（腹直筋に力を入れ、胸椎をできるだけ丸める）、③お腹に力を入れたまま、こらえながら戻す。[ポ]お腹かに力を入れたまま行う。[注]①床から腰を浮かさない、②首を曲げ過ぎない。

2-1　カーフレイズ
[主]腓腹筋・ヒラメ筋、[協]腓骨筋群

①ダンベルを体側に持ってきて、背筋をまっすぐ伸ばして立つ、(足裏の土踏まずの中心・股関節・肩・頭は一直線で鉛直方向)、②足幅を狭めにして、足裏全体でしっかりと体を支える、③胸を張り、前を見る、④膝をつま先の真上まで来るように曲げ、ふくらはぎを伸ばす。[ポ]足裏全体で体を支える。[注]姿勢を崩さない。

吸う3秒 ➡
⬅ 吐く3秒

①つま先でバランスを取りながら、膝を伸ばして踵を上げる(母指球でしっかりと支える)、②ふくらはぎを伸ばしながら、膝をつま先の真上に来るまで曲げて踵を下す。[ポ]大きく動かす。[注]①バランスを崩さない、②足首を外側(小指側)へ曲げない。

2-2　デッドリフト
[主]脊柱起立筋・大殿筋・ハムストリングス、[協]大腿四頭筋・内転筋

①ダンベル握って直立し、腕を伸ばし体側に付ける、②足幅は閉じるか、肩幅よりやや狭めにし、つま先をほんの少しだけ外側にする、③足裏全体でバランスを取り、前を見る、④膝を少し曲げる。[ポ]足裏でバランスを取り、膝を少し曲げる。[注]猫背にならない。

吸う3秒 ➡
⬅ 吐く3秒

①背筋をまっすぐのまま、お尻を引いておじぎをする、②頭を起こし、ダンベルを太もも・ふくらはぎ側面に沿って、足首辺りまで下ろす、③コントロールしながら上体を起こし、膝を少し曲げた元の姿勢に戻す。[ポ]ダンベルを鉛直に動かす。[注]①猫背にならない、②バランスを崩さない。

2-3　スプリット・フロントランジ
[主]大腿四頭筋・ハムストリングス・大殿筋、[協]内転筋群・下腿三頭筋

①ダンベルを体側に持ってきて、両足を閉じて揃え、背筋をまっすぐ伸ばし、足裏全体でしっかりと体を支えて立つ、②胸を張り、前を見る、③片足を前に踏み出し、膝を少し曲げて足首の真上にする（つま先を正面に向け、膝を合わせる）。[ポ]前足の足裏全体でバランスを取り、体をしっかりと支える。[注]姿勢を崩さない。

吸う3秒 ➡
⬅ 吐く3秒

①前足は足裏全体をしっかりと床につけ、腰を落としながら膝をつま先の真上まで曲げる、②残した後ろ足はつま先立ちで踵を浮かし、自然に膝を曲げてバランスを取る、③前足の膝を少し曲げて、足首の真上に来る状態に戻す、④片脚で①～③を5～10回繰り返したら、反対側を同じように行う。[ポ]前足に力が入った状態で、左右前後のバランスを保つ。[注]①膝はつま先と同じ方向に向け、内側に入らない、出過ぎない、②前足の踵を浮かさない。

2-4　フライ
[主]大胸筋、[協]三角筋前部・上腕二頭筋

①仰向きに寝て、膝を直角に曲げて立て、足裏全体を床に付ける、②ダンベルを胸の真上方向へ持ってくる、③膝を少し曲げて、胸を張る、④手幅は肩幅か、やや狭めにして、手の甲を外側に向ける、⑤ダンベルを見る、⑥肘を少し曲げる。[ポ]肘を少し曲げて、胸を張る。[注]床から肩を浮かさない。

吸う3秒 ➡
⬅ 吐く3秒

①肘を曲げながら、胸の真横に向かって、円弧を描くようにして下ろす（真横から見てダンベルを床から10～15cmまで下ろす）、②肘を伸ばしながら、バランスを保って、肘が少し曲がった状態まで上げる。[ポ]胸の張りを保つ。[注]①真横から見て、肘がグリップの真下から外れない、②ダンベルを肩の真横方向にすると、肩の負担が増す。

2-5　サイドレイズ
[主]三角筋中央部、[協]僧帽筋

①ダンベルを握って直立し、腕を伸ばし体側に付ける、②足幅は肩幅よりやや狭めにし、つま先を少し外側にする、③背筋をまっすぐにして体幹を固定する、④足裏全体でバランスを取り、前を見る、⑤肘を少し曲げる。[ポ]体幹を固定する。[注]肩をすくめない。

吸う3秒 ➡
⬅ 吐く3秒

①肘を少し曲げながら、ダンベルを真横に引き上げる（上げたときには、ダンベルは体の少し前にある）、②肩の高さまでしっかり上げる（ダンベル・手首・肘・肩は一直線でほぼ水平になる）。[ポ]肘を少し曲げながら、肘から上げる。[注]①肘が下がらないようにする、②上体を反らし過ぎない。
※力発揮を重視すると、呼吸は逆になる

2-6　アップライトロウ
[主]僧帽筋・三角筋中央部、[協]前鋸筋・上腕二頭筋

①ダンベルを握って直立し、腕を伸ばし太もも前に付ける、②足幅は肩幅よりやや狭めにし、つま先は少し外側にする、③背筋をまっすぐにして体幹を固定する、④足裏全体でバランスを取り、前を見る、⑤肘を少し曲げる。[ポ]足裏全体でバランスを取る。[注]腰が入り過ぎないようにする。

吸う3秒 ➡
⬅ 吐く3秒

①ダンベルを体の前面に沿って、引き上げる、②肘を張って、首の付け根に引き付ける（肘をダンベルの上方向に保つ）、③こらえなら、元に戻す。[ポ]肘を張る。[注]①肘を下げ過ぎない、②ダンベルを体前面から離さない。

2-7　コンセントレーションカール
[主]上腕筋・腕橈骨筋、[協]上腕二頭筋

①ダンベルを握って、パラレルスクワット（太ももが水平）の姿勢になる、②膝の前に肘を落とし、上腕三頭筋下部を膝に付け、手の平を上に向ける、③前腕の外側と手の甲を直線にして、手首を固定する、④足裏全体を床に付けて安定させ、前を見る。[ポ]足裏全体でバランスを取り、肘を少し曲げる。[注]猫背にならない。

吸う3秒 ➡

⬅ 吐く3秒

①手首を固定し、バランスを取りながら、肘を曲げる、②肩の前方まで、円弧を描きながら上げる、③肘を少し曲げた状態まで、こらえながら下ろす。[ポ]大きな動きをする。[注]①手首を外側へ曲げ（背屈させ）ない、②お尻を上げ過ぎ、下げ過ぎない。

2-8　トライセプスプレス・ライイング
[主]上腕三頭筋、[協]広背筋・大胸筋・肘筋

①床に仰向けに寝て、膝を直角に曲げて立て、腕を上向きに伸ばす、②両肩の真上に、肘を伸ばしてダンベルを構える、③両方のダンベルは肩幅よりやや狭めにする、④手首を固定し、腕を頭の方へ少しに傾け、ダンベルを見る。[ポ]胸を張り、腕を頭の方へ少しに傾ける。[注]左右のダンベルが離れ過ぎない。

吸う3秒 ➡

⬅ 吐く3秒

①肘頭を真上（天井）に向けたまま、円弧を描くようにして肘を曲げる（手首を固定したままで、胸を張る）、（肘をもう少し頭の上方へ動かし、ダンベルが耳に付くぐらい曲げる）、②肘を伸ばし元に戻す。[ポ]肘頭を真上（天井）に向けたまま行う。[注]①肘を開き過ぎない、絞り過ぎない、②手首を外側へ反らし過ぎない。

2-9　ベントオーバーロウ
[主]広背筋、[協]脊柱起立筋・上腕二頭筋・三角筋後部

①足幅は狭めにし、つま先をほんの少しだけ外側にする、②背筋を真っ直ぐにしたまま、ダンベルを足首の外側にして、足裏全体でバランスを取る（上体は水平にして、肩甲骨を外側に開く）、③頭を起こして、前を見る、④肘を少し曲げる。[ポ]体幹をまっすぐに固定し、肘を少し曲げる。[注]ダンベルを足首から離さない。

```
吸う3秒 ➡
← 吐く3秒
```

①背筋をまっすぐのまま、脚の側面に沿ってダンベルを引き上げる（肘を後ろへ引くイメージ）、②ダンベルを脇腹に引き付ける（肘が90度ほど曲がり、前腕は鉛直）、③コントロールしながら、肘が少し曲がった元の姿勢に戻す。[ポ]肩甲骨を動かす。[注]①猫背にならない、②上体を起こし過ぎない。

2-10　レッグレイズ
[主]腹直筋・腸腰筋、[協]大腿四頭筋

①仰向きに寝て、膝を直角に曲げ、足裏全体を床に付ける、②手はお尻の横におき、胸を張って、腹を凹ませる（息を大きく吸い込む）③天井を見る、④足を床から少し浮かせる。[ポ]背中全体を床に付ける。[注]反り腰にならない、膝を伸ばし過ぎ、曲げ過ぎない。④足を床から少し浮かせるか、触れるようにする。

```
吸う3秒 ➡
← 吐く3秒
```

①膝を直角に曲げたまま、円弧を描くようにして、足を上げる、②膝を鉛直より、もう少し胸側に持ってくる、③足を少し浮かした状態まで、こらえながら戻す。[ポ]上体をしっかりと固定する。[注]①床から腰を浮かさない、②膝を伸ばし過ぎ、曲げ過ぎない。

参考文献

荒川裕志著・石井直方監修『筋肉の使い方・鍛え方パーフェクト事典』ナツメ社（2015）

石井直方『レジスタンストレーニング』ブックハウスHD（1999）

石井直方『トレーニング・メソッド』ベースボールマガジン社（2009）

石井直方『筋肉革命』講談社（2011）

石井直方監修『姿勢力を上げるトレーニング』成美堂出版（2014）

石井直方・谷本道哉『スロトレ』髙橋書店（2005）

石井直方・柏口新二・髙西文利『筋力強化の教科書』東京大学出版会（2020）

坂井建雄『プロメテウス解剖学アトラス』区学書院（2016）

谷本道哉『筋トレまるわかり大事典』ベースボールマガジン社（2010）

谷本道哉「体幹トレーニングの流行の背景と効果に関する考察」理学療法——臨床・研究・教育 27, 3-9（2020）

森清光著・宮畑豊監修『「シルバー元気塾」2万人——成功の記録と秘訣』日本医療企画（2006）

Burd N. A. *et al.*, Low-load high volume resistance exercise stimulates muscle protein synthesis more than high-load low volume resistance exercise in young men. *PLoS ONE* 5, e12033（2010）.

Burd, N. A. *et al.*, Muscle time under tension during resistance exercise stimulates differential muscle protein sub-fractional synthetic responses in men. *J. Physiol.* 590, 351-362（2012）.

Hartmann, H., Winrth, K., Klusemann, M., Dalic, J., Matuschek, C., and Schmidtbleicher, D., Influence of squatting depth on jumping performance. *J. Strength Cond. Res.* 26(12), 3243-3261（2012）.

Ishii, N. *et al.*, Roles played by protein metabolism and myogenic progenitor cells in exercise-induced muscle hypertrophy and their relation to resistance training regimens. *J. Phys. Fitness Sports Med.* 1, 83-94（2012）.

Kraemer, W. J., Marchitelli, L., Gordon, S. E., Harman, E., Dziados, J. E., Mello, R., Frykman, P. McCurry, D. and Fleck, S. J., Hormonal and growth factor responses to heavy resistance exercise protocols, *J. Appl. Physiol.* 69(4), 1442-1450（1989）.

Mitchell, C. J. *et al.*, Resistance exercise load does not determine training-mediated hypertrophic gains in young men. *J. Appl. Physiol.* 113, 71-77（2012）.

Ochi, E. *et al.*, Elevation of myostatin and FOXOs in prolonged muscular impairment induced by eccentric contractions in rat medial gastrocnemius muscle. *J. Appl.*

Physiol. 108, 306–313（2010）.

Takenami, E. *et al.*, Effects of low-intensity resistance training on muscular function and glycemic control in older adults with type 2 diabetes. *J. Diabetes. Invest.* 10, 331–338（2019）.

Tanimoto, M., Ishii, N., Effects of low-intensity resistance exercise with slow movement and tonic force generation on muscular function in young men. *J. Appl. Physiol.* 100, 1150–1157（2006）.

Watanabe, Y. *et al.*, Low-intensity resistance exercise with slow movement and tonic force generation increases muscle size and strength in older adults. *J. Aging Phys. Activity* 21, 71–84（2013）.

Watanabe, Y. *et al.*, Effect of very low-intensity resistance training with slow movement on muscle size and strength in healthy older adults. *Clin. Physiol. Funct Imaging* 34, 463–470（2014）.

索 引

［あ行］

アイソトニック　193
　　──・トレーニング　192, 193
アイソメトリック・トレーニング　192
アウターマッスル　34, 39
1関節筋　76
インシュリン様成長因子－1　194
インナーマッスル（腱板）　12, 34, 39
上後腸骨棘　132
羽状筋　76
運動単位　20, 173
エクセントリック・コントラクション
　106
鉛直方向　80
横隔膜　93
オーバーグリップ　41
オーバートレーニング　169, 170

［か行］

加圧トレーニング　16
回外　58
外骨盤筋　7
外旋筋群　137
外転・内転　154
回内　58
外腹斜筋　89, 90
肩の伸展　77
カップリングフォース　36
可動範囲　80
寛骨（腸骨・恥骨・坐骨）　131
慣性モーメント　56
関節角度　60
起始　87
基礎代謝　111
拮抗筋　59
協働筋　100, 101, 103

筋活動レベル　20
筋血流制限　16
筋酸素化レベル　17
筋線維の損傷・再生　191, 194
筋内酸素環境　17
筋発揮張力維持スロー法　15
筋肥大　22
クイック＆スロー法　71
クランチ　90
頚体角　136, 137
血液中の脂肪分（悪玉コレステロール）
　111
血中乳酸濃度　20
血糖値　111
肩甲骨　158
肩甲上腕関節　35
肩甲上腕リズム　35
拳上・下制　154
腱板　12
広背筋　25, 152
呼吸筋　92
骨粗しょう症　111
骨盤　131
　　──傾斜角（AP角）　131
　　──の後傾　133
　　──の前傾　133
骨盤帯　1, 127
　　──の動き　127
コンセントリック・コントラクション　106

［さ行］

サイズの原理　15, 168
最大筋力　118, 166
最大拳上重量　166
最大パワー　118
最大反復回数　→　RM
最長筋　130

サイドレイズ 32
逆手（さかて：リバースグリップ） 63
サーキットセット法 190
サルコペニア 15
三角筋 26, 31
酸素環境 191, 194
三頭筋 75
仕事量 169
シットアップ 90
シーテッドプレス 37
ジャイアントセット法 190
重心線 43, 47, 61, 62, 123
重力 76
主働筋 39, 100-103
上前腸骨棘 132
上方回旋・下方回旋 154
上腕三頭筋 26, 56, 57, 75
上腕二頭筋 26, 56, 57
処方の3要素 164
シングルセット 189
（シングル）セット法 189
神経回路 123
神経系の適応 173
伸張性最大筋力 165
伸長－短縮サイクル → SSC
深部腹筋群 88
水分補給 197
スティッキングポイント 37
ストップ＆クイック 125
ストリクトスタイル 71
ストレートバー 62
スーパーセット法 190
スロー＆クイック 126
生活習慣病 111
静水圧骨格（ハイドロ・スタティック・ス
　ケルトン） 93
脊柱起立筋 25
仙骨・尾骨 131
前十字靭帯損傷 9
前捻角 136, 137
浅部腹筋群 88
僧帽筋 26, 31, 158

速筋線維 20, 167

［た 行］

体幹 1, 70
代謝環境 191, 194
大腿骨（股関節） 135
大腿骨頸部 136
大腿四頭筋 50
大臀筋 102
大腰筋 90, 112
多裂筋 130
単関節運動 36, 120
短縮性最大筋力 165
男性ホルモン（テストステロン） 194
たんぱく質合成 20
遅筋線維 20, 167
チーティング 52, 63
　──スタイル 71
腸骨筋 113
蝶番関節 59
腸腰筋 88
腸肋筋 130
ツイスティング・シットアップ 92
停止 87
低負荷強度大容量法 22
テコの原理 135
等尺性最大筋力 165
糖尿病 111
トライセット法 190
トルク 41, 62, 78
トレーニング処方 159
トレーニング容量（ボリューム） 168, 169
ドローイン 92, 93, 95

［な 行］

内骨盤筋 7
内転筋群 137
内腹斜筋 89, 90
2関節筋 75
認知症 111

215

［は行］

ハイクリーン　68
パーシャルレンジ　46
バリスティックトレーニング　114, 116
パワー（＝力×速度）　116, 117
反動（チーティング）　51
パンプアップ　190
肘の伸展　77
ビッグ3　99
ピリオダイゼーション　173
頻度　169
フォーストレプス（法）　37, 186, 187
腹横筋　90, 95
複合関節運動　120
複合（多）関節運動　36
腹腔内　93
腹直筋　87, 89
腹筋群　26
フラッシングセット法　191
補助　145, 150
補助（サブ）種目　27
ホリスティック法　191
ホルモン・成長因子　191, 194

［ま行］

マルチセット法　189
マルチバウンデージ法　188

無酸素的解糖系　20
メイン種目　27
メカニカルストレス　191, 194
モーメントアーム　38, 41, 61, 62, 78, 139

［や・ら行］

腰椎・骨盤・股関節複合体　127
腰椎椎間板ヘルニア　130
腰椎分離症　130
力積　20
菱形筋群　158
レッグエクステンション　124
レッグカール　124
レッグプレス　124
ロック　49, 69
ローテーターカフ　34

［欧文］

ACL（膝前十字靭帯）再建　9
ACSM　195
Butt Wink　5
EZ（イージー）バー　62, 79
mTOR シグナル伝達系　20
NSCA　195
PNF（固有受容性感覚器：Proprioceptive）
　111
RM（アールエム：最大反復回数）　166
SSC（伸長－短縮サイクル）　117, 126

執筆者紹介 （五十音順）

石井 直方（いしい・なおかた）
東京大学名誉教授、東京大学スポーツ先端科学連携研究機構特任研究員、理学博士
1955 年生まれ。東京大学理学部卒業、同大学院博士課程修了。1999 〜 2020 年東京大学大学院総合文化研究科教授。専門は運動生理学、トレーニング科学。1981 年ボディビル ミスター日本優勝・世界選手権 3 位。1982 年ミスターアジア優勝。2001 年全日本社会人マスターズ優勝など、競技者としても輝かしい実績を誇る。少ない運動量で大きな効果を得る「スロトレ」の第一人者。エクササイズと筋肉の関係をベースにした健康や老化防止についてのわかりやすい解説には定評がある。
著書：『トレーニングをする前に読む本』（講談社、2012）、『筋肉学入門』（講談社、2009）、『スロトレ完全版』（共著、高橋書店、2009）、『石井直方の筋肉まるわかり大事典』（ベースボール・マガジン社、2008）など多数

柏口 新二（かしわぐち・しんじ）
JCHO 東京新宿メディカルセンター整形外科特任部長、医学博士
1955 年生まれ。徳島大学医学部医学科卒業、徳島大学医学部整形外科講師、国立療養所徳島病院医師、東京厚生年金病院（整形外科部長）、JCHO 東京新宿メディカルセンター（旧厚生年金病院）、国立病院機構徳島病院整形外科医師などを経て、現職。医学部の学生時代から空手、筋力トレーニングを始め、その後パワーリフティングに転向し、中尾達文先生、宮畑豊会長にも師事。トレーニングを継続している。発育期のスポーツ外傷、障害などを専門としている。
著書：『子どもの体が危ない！運動器障害』（共著、柘植書房新社、2019）、『野球肘検診ガイドブック』（共編著、文光堂、2018）、『肘実践講座 よくわかる野球肘離断性骨軟骨炎』（共著、全日本病院出版会、2013）など多数

髙西 文利（たかにし・ふみとし）
マルヤジム主催、プロ野球ソフトバンクホークス・トレーニングアドバイザー
1955 年生まれ。法政大学卒業、1991 〜 1996 年全日本ボディビル選手権ミドル級優勝、アジアボディビル選手権ミドル優勝（1992 年）、ワールドゲームス世界第 6 位（1993 年日本人初）。三菱重工長崎硬式野球部、プロ野球ソフトバンクホークス

（2010 年〜現在）などで筋力トレーニング指導。（2004 年〜現在）高齢者・低体力者の「筋肉づくり体操」、子どもの成長・発育促進のスロートレーニングを指導。（2013 年〜 2023 年 3 月）長崎県体スポーツ協会スポーツ医科学委員、長崎県ボディビル連盟会長、長崎県パワーリフティング協会理事、日本ボディビル連盟 1 級審査員・指導員。

著書：『アスリートのための筋力トレーニングバイブル』（共書、ナツメ社、2018）、『ジュニア期のスポーツ外傷・障害とレジスタンストレーニング Q&A』（共書、長崎県スポーツ協会 2005）、『ジュニア期も知っておきたいドーピング防止 Q&A』（共書、長崎県スポーツ協会 2002）、『ジュニア期も知っておきたいスポーツ栄養学 Q&A』（共書、長崎県スポーツ協会 2001）

実技モデル

山下 祐樹

高柳 圭佑

宇野 航大

小林 光司

髙西 利輝

筋力強化の基本書

2023 年 8 月 25 日　初　版

[検印廃止]

著　者　石井直方・柏口新二・髙西文利

発行所　一般財団法人　東京大学出版会

代表者　吉見俊哉
　　　　153-0041　東京都目黒区駒場4-5-29
　　　　https://www.utp.or.jp/
　　　　電話 03-6407-1069　Fax 03-6407-1991
　　　　振替 00160-6-59964

組　版　有限会社プログレス
印刷所　株式会社ヒライ
製本所　牧製本印刷株式会社

©2023 Naokata Ishii, *et al.*
ISBN 978-4-13-053705-6　Printed in Japan

石井直方・柏口新二・髙西文利

筋力強化の教科書　　　　　　　　A5 判 /224 頁 /2,200 円

東京大学身体運動科学研究室 編

教養としての身体運動・健康科学　　B5 判 /280 頁 /2,400 円

寺田　新

スポーツ栄養学　　　　　　　　　A5 判 /256 頁 /2,800 円
科学の基礎から「なぜ？」にこたえる

ダン・ベナードット 著／寺田　新 訳

スポーツ栄養学ハンドブック　　　B5 判 /536 頁 /14,000 円

深代千之・川本竜史・石毛勇介・若山章信

スポーツ動作の科学　　　　　　　A5 判 /296 頁 /2,400 円
バイオメカニクスで読み解く

ルイージ・フォンタナ 著／寺田　新 訳
科学的エビデンスにもとづく

100 歳まで健康に生きるための 25 のメソッド　　A5 判 /456 頁 /3,500 円